新しい教職教育講座 教科教育編 ❸
原 清治／春日井敏之／篠原正典／森田真樹［監修］

算数科教育

岡本尚子／二澤善紀／月岡卓也［編著］

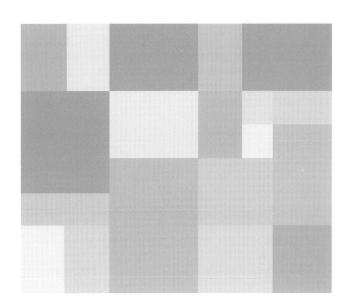

ミネルヴァ書房

> **新しい教職教育講座**

監修のことば

　現在，学校教育は大きな転換点，分岐点に立たされているようにみえます。

　見方・考え方の育成を重視する授業への転換，ICT 教育や特別支援教育の拡充，増加する児童生徒のいじめや不登校への適切な指導支援，チーム学校や社会に開かれた教育課程を実現する新しい学校像の模索など。切れ間なく提起される諸政策を一見すると，学校や教師にとって混迷の時代に突入しているようにも感じられます。

　しかし，それは見方を変えれば，教師や学校が築き上げてきた地道な教育実践を土台にしながら，これまでの取組みやボーダーを超え，新たな教育を生み出す可能性を大いに秘めたイノベーティブな時代の到来ともいえるのではないでしょうか。教師の進むべき方向性を見定める正確なマップやコンパスがあれば，学校や教師の新たな地平を拓くことは十分に可能です。

　『新しい教職教育講座』は，教師を目指す学生や若手教員を意識したテキストシリーズであり，主に小中学校を対象とした「教職教育編」全13巻と，小学校を対象とした「教科教育編」全10巻から構成されています。

　世の中に教育，学校，教師に関する膨大な情報が溢れる時代にあって，学生や若手教員が基礎的知識や最新情報を集め整理することは容易ではありません。そこで，本シリーズでは，2017（平成29）年に告示された新学習指導要領や，今後の教員養成で重要な役割を果たす教職課程コアカリキュラムにも対応した基礎的知識や最新事情を，平易な表現でコンパクトに整理することに心がけました。

　また，各巻は，13章程度の構成とし，大学の授業での活用のしやすさに配慮するとともに，学習者の主体的な学びを促す工夫も加えています。難解で複雑な内容をやさしく解説しながら，教職を学ぶ学習者には格好のシリーズとなっています。同時に，経験豊かな教員にとっても，理論と実践をつなげながら，自身の教育実践を問い直し意味づけていくための視点が多く含まれた読み応えのある内容となっています。

　本シリーズが，教育，学校，教職，そして子どもたちの未来と可能性を信じながら，学校の新たな地平を拓いていこうとする教師にとって，今後の方向性を見定めるマップやコンパスとしての役割を果たしていくことができれば幸いです。

監修　原　　清　治（佛教大学）

春日井敏之（立命館大学）

篠　原　正　典（佛教大学）

森　田　真　樹（立命館大学）

は じ め に

　本書は，小学校教員を志す学生，小学校・中学校などの学校現場や教育機関で算数・数学科の指導に携わっておられる先生などを対象に執筆されたものである。新しい研究成果や専門的内容を扱いながらも，具体的な説明・解説と，できる限り平易な表現を心がけ，初めて算数教育を学ぶ方にも学習しやすい内容となるように努めた。

　2017（平成29）年に告示された新学習指導要領〔本書は2017（平成29）年告示の学習指導要領を新学習指導要領と呼ぶ〕では，算数科の領域の再編を伴う大幅な変更がなされた。すなわち，算数科の内容は，1958（昭和33）年に「数と計算」「量と測定」「図形」「数量関係」の領域が設定されて以降，およそ60年間にわたり基本的な枠組みとしてこれらの領域が使用されてきたが，新学習指導要領においては，「数と計算」「図形」「測定」「変化と関係」「データの活用」の領域へと再編された。これらの領域の再編成は，中学校における数学科の領域との統一を図り，接続を円滑化させるものといえる。また，新学習指導要領では，新たに「プログラミング」に関する学習についても盛り込まれることとなった。情報通信機器の広まりや，情報化の進展など，昨今の社会的状況を鑑みた内容といえる。

　本書は，こうした新学習指導要領に対応した内容となっており，各章の概要は次のとおりである。

　「第1章　算数・数学教育学」では，算数・数学教育学とは何か，算数科の位置づけ，算数・数学教育学を学ぶ意義などについて説明を行っている。

　「第2章　評価」では，評価の目的，時期，主体，内容，方法などについて，算数科の授業で活用できる具体的な方法を交えながら解説している。

　「第3章　学力調査」では，算数・数学科に関わる国際的な学力調査としてTIMSS（Trends in International Mathematics and Science Study）と PISA（Programme for International Student Assessment）を，国内の学力調査として全国学力・学習状況調査を取り上げて，調査の内容や結果について解説を行っている。

「第4章　学習指導要領」では，新学習指導要領の内容について，具体的な特徴に触れながら論じている。

「第5章　数と計算」から「第9章　データの活用」では，「数と計算」「図形」「測定」「変化と関係」「データの活用」の5領域それぞれの内容について，全国学力・学習状況調査の問題を例に取り上げながら，児童のつまずきを検討するとともに，目標や指導例について言及している。

「第10章　プログラミング的思考」では，プログラミング的思考について概説し，算数科においてプログラミングを取り入れた研究や実践例について紹介している。

「第11章　算数教育の歴史」では，明治期から現代に至るまでの算数教育の歴史について，国定教科書や学習指導要領の変遷を軸にしながら，それぞれの時期の特徴を解説している。

「第12章　学習指導案」では，算数科における学習指導案の書き方について，具体的な例を示しながら，作成方法や留意点などを論じている。

全12章の本書は，「算数科教育法」（2単位）の講義で使用できるよう構成を行った。使用方法としては，全15回の講義のうち，12回分を各章での学びにあて，残りの3回分をそれぞれ学習指導案作成，模擬授業実施，振り返りとする方法がある。各章の最後に設定している「学習の課題」は，復習として利用することが可能である。学習内容の確認や，深い学びにつなげていただきたい。

本書が多くの方にとって，新たな学びとなり，よりよい算数・数学教育につながれば幸いである。

編著者

目 次

はじめに

第1章 算数・数学教育学 ………………………………………………………………………… 1

  1 算数・数学教育学とは ……………………………………………………………… 1

  2 算数科と数学科 ……………………………………………………………………… 7

  3 算数・数学教育学の学び …………………………………………………………… 9

第2章 評 価 ……………………………………………………………………………………… 13

  1 評価の目的・時期・主体 ………………………………………………………… 13

  2 評価の内容と方法 ………………………………………………………………… 17

第3章 学力調査 ………………………………………………………………………………… 23

  1 国際的な学力調査——TIMSS と PISA ………………………………………… 23

  2 国内における学力調査——全国学力・学習状況調査 …………………………… 31

第4章 学習指導要領 …………………………………………………………………………… 36

  1 学習指導要領における目標・内容 ……………………………………………… 36

  2 算数科の指導・評価 ……………………………………………………………… 43

第5章 数と計算 ………………………………………………………………………………… 47

  1 「数と計算」領域の今日的課題 ………………………………………………… 47

  2 「数と計算」領域の指導の実際 ………………………………………………… 70

第6章 図 形 …………………………………………………………………………………… 75

  1 「図形」指導の今日的課題 ……………………………………………………… 75

iii

2 「図形」領域の目標と教育内容‥‥‥‥‥‥‥‥‥‥‥‥‥‥‥‥‥‥‥78

3 「図形」指導の実際‥‥‥‥‥‥‥‥‥‥‥‥‥‥‥‥‥‥‥‥‥‥‥‥‥85

第7章　測　定‥‥‥‥‥‥‥‥‥‥‥‥‥‥‥‥‥‥‥‥‥‥‥‥‥‥‥‥‥90

1 「測定」指導の今日的課題‥‥‥‥‥‥‥‥‥‥‥‥‥‥‥‥‥‥‥‥‥90

2 「測定」領域の目標と教育内容‥‥‥‥‥‥‥‥‥‥‥‥‥‥‥‥‥‥‥93

3 「測定」指導の実際‥‥‥‥‥‥‥‥‥‥‥‥‥‥‥‥‥‥‥‥‥‥‥‥‥97

第8章　変化と関係‥‥‥‥‥‥‥‥‥‥‥‥‥‥‥‥‥‥‥‥‥‥‥‥‥‥102

1 「変化と関係」指導の今日的課題‥‥‥‥‥‥‥‥‥‥‥‥‥‥‥‥‥102

2 「変化と関係」指導の実際‥‥‥‥‥‥‥‥‥‥‥‥‥‥‥‥‥‥‥‥112

第9章　データの活用‥‥‥‥‥‥‥‥‥‥‥‥‥‥‥‥‥‥‥‥‥‥‥‥115

1 「データの活用」領域の今日的課題‥‥‥‥‥‥‥‥‥‥‥‥‥‥‥115

2 「データの活用」領域の指導の実際‥‥‥‥‥‥‥‥‥‥‥‥‥‥‥122

第10章　プログラミング的思考‥‥‥‥‥‥‥‥‥‥‥‥‥‥‥‥‥‥‥128

1 時代を超えて普遍的に求められるプログラミング的思考‥‥‥‥‥128

2 新学習指導要領が求めるプログラミング的思考‥‥‥‥‥‥‥‥‥131

3 算数科で「主体的・対話的で深い学び」の実現に資する
プログラミング‥‥‥‥‥‥‥‥‥‥‥‥‥‥‥‥‥‥‥‥‥‥‥‥‥‥135

第11章　算数教育の歴史‥‥‥‥‥‥‥‥‥‥‥‥‥‥‥‥‥‥‥‥‥‥144

1 明治時代から第二次世界大戦までの算数教育の歴史‥‥‥‥‥‥‥144

2 第二次世界大戦後の算数教育の歴史‥‥‥‥‥‥‥‥‥‥‥‥‥‥‥150

第12章　学習指導案‥‥‥‥‥‥‥‥‥‥‥‥‥‥‥‥‥‥‥‥‥‥‥‥161

1 学習指導案とは‥‥‥‥‥‥‥‥‥‥‥‥‥‥‥‥‥‥‥‥‥‥‥‥‥161

2 学習指導案における各項目の内容と留意点‥‥‥‥‥‥‥‥‥‥‥166

目　次

小学校学習要領（抄）
索　　引

第1章 算数・数学教育学

この章で学ぶこと

算数・数学教育学の研究対象や研究方法の概観を通して，算数・数学教育学がどのような学問分野であるのかについて解説する。また，算数科と数学科の違いや系統性にも触れ，算数科の位置づけについて説明する。さらに，教師として算数・数学教育学を学ぶことの重要性，教師になってからも学び続ける方法や姿勢について言及する。

1 算数・数学教育学とは

(1) 算数・数学教育学とは何か

「算数・数学教育学」は，算数・数学科に関わる教育についての学問であり，主に「教育学」の中の「教科教育学」の1つの分野として位置づけられる。日本においては，小学校が算数科，中学校・高等学校が数学科となっており，教科として異なる名称を用いているが，研究分野としては2つを区別せずに両方の意味を含めて「数学教育学」とすることが多い。

算数・数学教育学の目的は，算数・数学教育の向上にあり，横地 (1978) は「実践等に見られる様々な特徴から，その一般性を見出すこと」と言及している。ここでの一般性とは，固定されたものではなく，国の違いや時代の変遷に応じて，それぞれにふさわしいものを追究していくことを指す (黒田，2010)。すなわち，各国の各時代における状況を鑑みながら，よりよい算数・数学教育を追究し続け，それらを実際の教育に還元していくことが算数・数学教育学の目的といえる。具体的に算数・数学教育学が扱う内容として横地 (2001) は，次の12領域をあげている。

① 目標：数学教育の意義，数学と数学教育との関係など
② 数学教育史：日本の数学教育史，世界各国の数学教育史など
③ 数学教育と文化：数学史，芸術と数学，民族と数学など
④ 認知と活動：子どもの数学的認知と活動，個性と創造性など
⑤ 教育内容：幼児から中学生までに必要な数学，高校生に必要な数学など
⑥ 教育課程：保育園・幼稚園，小学校，中学校，高等学校，高専，大学の教育課程など
⑦ 福祉的問題：障害のある子どもの数学的認知と活動や数学教育など
⑧ 学習指導：各学校段階における学習指導，遠隔協同学習など
⑨ 評価：学力の評価，学力の国際比較など
⑩ 市民の数学教育：子どもの数学，市民の数学，生産の数学など
⑪ 情報機器の発展と数学教育：コンピュータの活用，情報処理など
⑫ 国際交流と協同研究：国際間の遠隔協同学習，国際的協同研究など

　算数・数学教育学というと，小学校から高等学校までの算数・数学科に直接的に関わるものとして，学習・指導する内容を検討する「⑤教育内容」，カリキュラムを扱う「⑥教育課程」，学習・指導方法を研究する「⑧学習指導」などが思い起こされやすいが，これをみると，算数・数学教育学が学校の算数・数学科にとどまらない，幅広い内容を扱う学問であることがわかる。

　まず，「①目標」は，学校教育のみならず広く算数・数学を学ぶ意義や，算数・数学教育と学問としての数学との関係を研究するものである。算数・数学教育学の根本となる領域であるといえる。

　「②数学教育史」「③数学教育と文化」は，現在に至るまでに行われてきた各時代の数学教育や，人類が積み重ねてきた数学など，歴史的な特徴を含む領域である。日本に限らず，世界各国の歴史についても研究範囲となり，日本の特徴との比較も重要な研究課題となる。

　「④認知と活動」は，各年齢の子どもや学習者が算数・数学に関わることによりどのような認識をもっているのか，どのように認識が変化していくのかなどを扱う領域である。近年では，計測機器の発展により，客観性の高いデータとして脳活動計測や視線計測などのデータを取得し，生理学的な側面から認知を検討する研究も進められるようになってきている。

第1章　算数・数学教育学

　「⑦福祉的問題」は，特別な支援が必要な児童生徒への算数・数学科の学習や指導についてである。生活や学習にやりづらさを感じているケースを含め，こうした児童生徒は，以前と比べて通常学級にも増えてきており，今後，ますます専門的な知見が必要となる領域である。

　「⑨評価」は，算数・数学科のどのような能力を，どのように評価するのか，より効果的な評価はどのようなものかなどを検討する領域である。国内外の学力調査の特徴や，それらの国際比較についても研究が行われている。

　「⑩市民の数学教育」は，主に学校教育外における数学教育についての研究であり，その対象は，子どものみならず大人をも含めたものとなる。また，企業や産業において必要となる数学についてもその対象である。

　「⑪情報機器の発展と数学教育」は，計算機，コンピュータなどを活用した算数・数学教育の検討や算数・数学科で活用できるソフトウェアの開発などである。計算機やコンピュータなどは年々性能が向上しており，これらを活用することで，複雑な計算が必要な問題への取組みが可能になる。また，ソフトウェアの開発とその活用は，図形の可視化，関数のグラフ化，プログラミングの学習などを可能にするものである。

　「⑫国際交流と協同研究」は，国際間での取組みに関わるものである。日本と他国の算数・数学科のカリキュラムは異なっており，扱う学年や内容の順序などに違いがある。たとえば，分数と小数の指導の順序は，各国によって特徴がみられる。こうした中で日本と他国の児童が互いに学び合うことは，自国の教育の特徴を改めて認識することにつながる。また，研究者同士もそれぞれの内容構成とその背景にある教育観を交流することで，自国の教育の改善につなげられる。

　算数・数学教育学では，こうした領域を対象として，幅広く算数・数学教育に関わりのある教員や研究者などによって研究が行われている。

（2）研究方法

　次頁の図1-1は，算数・数学教育学における上述の①から⑫までの研究領域を整理して示したものである。横軸に〈「国内」を中心とする研究〉と〈「国

3

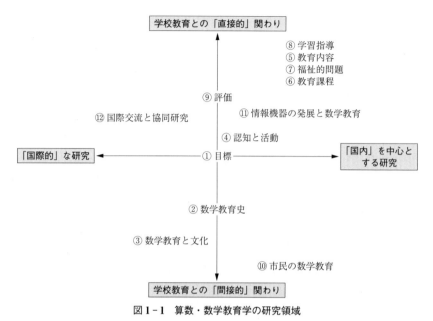

図1-1　算数・数学教育学の研究領域

出典：筆者作成。

際的」な研究〉を，縦軸に〈学校教育との「直接的」関わり〉と〈学校教育との「間接的」関わり〉を設定している。

　図の中央に位置しているのは，「①目標」である。これは，学校教育の内外，国内外のすべてについて，算数・数学教育のあり方を検討するものである。たとえば，算数・数学を学ぶ意義を，学校教育の立場，学校外の立場から，国内動向や国際社会の状況などを勘案して，理論的枠組みをもとに構築して提案する。また，算数・数学科と，学問としての数学とのつながりの望ましいあり方を検討する。いわば，全体の基盤となる研究である。

　また，4区分のうちの右上に該当する「国内」を中心とした，学校教育との「直接的」関わりの強い研究が多いことがわかる。主に「⑧学習指導」「⑤教育内容」「⑦福祉的問題」「⑥教育課程」の研究では，学校現場の現状や問題点の把握からスタートする。そこから，問題の改善，さらなる向上を図るための実践を計画・実施し，その結果を検証することで，より適切なもの，効果的

第1章　算数・数学教育学

なものを検討する方法がとられる。学校教育との結びつきの強い研究領域であり，国内での実践が中心となる。「⑪ 情報機器の発展と数学教育」は，算数・数学科で有用性の高いソフトウェアの開発という点では，学校教育と直接的な関わりはそれほど強くない。しかし，そうしたソフトウェアや計算機，コンピュータを用いた算数・数学教育の検討は，学校現場での実践をもとに行われることが多く，学校教育との結びつきのある研究である。ソフトウェアや計算機などには，国外で開発されたものもあることから，横軸は国内を中心とする研究から，やや離れた位置づけになっている。「④ 認知と活動」は，児童生徒の算数・数学科に関わる知識や認識を，学校現場でのアンケートやインタビューなどの方法を用いて考察する点で，学校教育との直接的な関わりをもつものである。一方で，脳活動計測や視線計測などの生理学的な手法を用いる場合には，実験空間で実施される場合が多いことから，学校教育との直接的な関わりは弱まる。また，生理学研究としての国際的な知見も必要となることから，国内を中心とする研究からは離れた位置づけとなっている。

　図の上半分の縦軸上に位置する「⑨ 評価」は，よりよい評価方法を学校現場の実践で検討したり学力調査を実施して，その結果を考察する方法をとる。ただし，実践までの評価方法の構築，学力調査問題の設定，調査結果の考察においては，国際的な理論的枠組みによる検討や国内と国外研究の比較がなされることが多いため，学校教育との直接的な関わりはやや弱まり，国内と国際的研究の中央に位置している。

　図の4区分のうち左上に該当する，「国際的」で，学校教育との「直接的」関わりの強い研究としては「⑫ 国際交流と協同研究」がある。異なる国々の児童生徒が直接会って，あるいは，インターネットを利用してそれぞれの国での学びを交流したり，協同で問題の解決に取り組んだりすることで，児童生徒の視野を広げられる，より効果的な教育を探求するものである。また，児童生徒だけでなく研究者同士においても，国や地域を越えて互いの国の算数・数学教育を学び合いながら国際研究を行うことを含んでいる。そのため，学校教育との直接的な関わりはやや弱く，国際的な研究の特性が強くなっている。

5

図の4区分の左下に該当する「国際的」で，学校教育と「間接的」な関わりのある研究としては「③数学教育と文化」がある。国内にとどまらず，国外も含めて，人類が築いてきた学問としての数学の歴史，絵画の遠近法や比率などの芸術にひそむ数学，天体の運動のような自然現象に見出される数学などを明らかにする研究である。これらの成果の学校教育での教材化は可能であるが，学校教育での学習としては一般的ではないことから，国際的な研究，学校教育との間接的な関わりに近い位置づけとなる。

　図の下半分の縦軸上に位置する「②数学教育史」は，国内外の両方について，どのような社会背景のもとで，どのような算数・数学教育が行われてきたのか，それらがいかに現在の教育につながっているのかを，過去の教科書や歴史的文書などを用いながら考察するものである。学校における算数・数学教育の歴史を多く扱うものの，学校現場での直接的な活用場面は多くないため，学校教育とは間接的な関わりとなっている。また，国内外の比較はその中心的な研究内容となることから，国内と国際的研究の中央に位置している。

　図の4区分のうち，右下に該当する「国内」を中心とする，学校教育と「間接的」な関わりのある研究としては「⑩市民の数学教育」がある。現代の社会的背景も踏まえ，市民として，どのような算数・数学能力を身につけておくことが必要となるか，望ましいかを提案し，時には市民向けの実践を通して検討を行う研究である。また，企業や産業における数学教育も研究領域に含んでおり，たとえば，保険や金融のリスク，掛け金などの計算を行う専門職であるアクチュアリーの育成などに関わる研究も範疇である。主に国内を中心とし，学校教育とは間接的な位置づけにある研究である。

　算数・数学教育学は，学校教育との結びつきが強く，学校現場での実践を研究方法とするものが多いものの，学校教育とは直接的には関わりの小さい歴史的な文書や芸術を考察する研究方法もある。また，国内におけるもののみならず，国外との比較や交流を行う方法もあり，これらは今後ますます重要になっていくことが考えられる。

第1章 算数・数学教育学

2 算数科と数学科

(1) 算数科の目標

学校教育における教科の1つとして，現在のように「算数」といわれるようになったのは，昭和10年代である（奥，1987）。それまでは，「算術」という名称であった。算数という名称に変更する際には，様々な議論がなされており，指導内容を鑑みると算術にはあてはまらず，数学という名称はあまりに学問的であるということから算数という名称になったとされる。なお，海外では，一般的に初等教育と中等教育以降を区別せずに数学としていることが多い（守屋，2015）。

算数科の目標は，2つの立場から考えることができる（黒田，2010）。1つは，国が定める基準としての目標で，学習指導要領に定められるものである。新学習指導要領では，小学校の算数科全体を通しての目標として下記の内容が設定されている。

数学的な見方・考え方を働かせ，数学的活動を通して，数学的に考える資質・能力を次のとおり育成することを目指す。

(1) 数量や図形などについての基礎的・基本的な概念や性質などを理解するとともに，日常の事象を数理的に処理する技能を身に付けるようにする。

(2) 日常の事象を数理的に捉え見通しをもち筋道を立てて考察する力，基礎的・基本的な数量や図形の性質などを見いだし統合的・発展的に考察する力，数学的な表現を用いて事象を簡潔・明瞭・的確に表したり目的に応じて柔軟に表したりする力を養う。

(3) 数学的活動の楽しさや数学のよさに気付き，学習を振り返ってよりよく問題解決しようとする態度，算数で学んだことを生活や学習に活用しようとする態度を養う。

もう1つは，算数・数学教育学研究の立場からの目標である。上述の学習指導要領の内容と比べると，学校での算数科の学びにとどまらない，幅広い目標

7

となる。たとえば，横地（1998）は，「現実的な課題を創造的に解決する教育，更には，国語をはじめ，他教科の内容と総合して，子供のまっとうな生き方そのものを開拓する」こととしている。子どもの将来を見据え，どのような教育を行っていくべきかを考えた立場といえる。これまでの算数・数学教育学研究の成果や，子どものおかれた現状，来るべき未来への予測などを踏まえて，柔軟にかつ長期的視野をもって検討されるべきものである。

　前者の国が定める基準としての目標は，より具体的で学校教育に依拠したものとなっている一方，後者の算数・数学教育学研究の立場からの目標は，子どもの生き方をも含めたより広い目標となっている。算数科の目標は，2つのうちのいずれかということではなく，国が定める基準を具体的な到達基準として包摂するかたちで，算数・数学教育学研究の立場から広い視野をもって検討していくことが重要である。

（2）算数科と数学科のつながり

　小学校の算数科と中学校・高等学校における数学科は，他の教科と比較すると内容の体系性が強く出る点に特徴がある。体系性について，「三角形」を例にとって考えてみたい。三角形の面積を考える際に，そもそも三角形とはどのような図形なのかを知らなければ，三角形の面積が長方形の面積から導かれることはわからない。また，三角形の面積の導出が理解できれば，逆に長方形の面積は三角形の面積から求められると考えることもできる。これは，任意の多角形の面積を求める際に三角形分割が有用であるという学びにつながる。さらに，分割して面積を求めるという考えは，高等学校で学ぶ積分の本質でもある。三角形の面積の求め方それ自体も，三角比やベクトルを用いたより高度で汎用性の高いものにつながっていき，相乗的に新しい概念の理解の一助となる。三角形がどのような形かを知ることは，三角不等式という概念も生み出す。三角不等式は，高等学校で学ぶだけでなく現代数学において距離を考える際の拠り所の1つとなる重要なものである。このように，簡単な対象であるがゆえに有用であるものは，算数科の様々な単元でみることができ，算数科で指導される

8

概念の形成はより発展的な数学を学ぶうえでの礎となるものである。

　また，算数科から数学科へ移行する際に，抽象化と論理化が進むことになる。たとえば，算数科と中学校以降の数学科の違いとして，変数と論証の指摘がある（平林，1984）。変数については，算数科では○や□といった記号を用いた式などを扱い，数学の文字式につながるようになっている。算数科でのプレースホルダーとしての意味から，数学科の文字の意味（定数，未知数，変数）につながる。論証については，算数科では主に帰納的に考察して数学的な性質や公式等を導くが，数学科では演繹的に考察する場面が増える。子どもの抽象的思考の発達段階を考慮する必要があるわけである。ただし，算数科の指導においても演繹的思考に類似した考え方で公式を導く場面があり，それが演繹的思考につながることになる。

　このように，算数科の指導においては，数学科の内容を理解したうえでの，連続性を意識した指導が重要となる。とりわけ，近年では，小学校と中学校の連携や，小学校と中学校の一貫した教育が積極的に行われるようになってきていることから，その重要性は高まっているといえる。

3　算数・数学教育学の学び

（1）算数・数学教育学を学ぶ意義

　学校教員を目指すにあたって算数・数学教育学の知見を学ぶことは，指導する立場として，算数・数学の深い知識を得ることだけでなく，それらの知識を活用することで，より適切な視点をもって児童生徒の様子を考察したり，よりよい授業を構築したりすることにつながる。

　たとえば，算数・数学教育史を学ぶことは，現在の算数・数学科がどのような経緯で成立してきたのか，どのような社会背景のもとでそれぞれの政策がとられてきたのか，結果としてどのようなことが生じたのかを知り，考えることである。これからの算数・数学教育を構築していくにあたり，過去と同様の失敗を行わないよう，かつ，成功した特徴を取り込めるよう考察ができる点で，

よりよい教育を考えるための示唆を得られることになる。つまり，過去に学ぶことができるわけである。また，教育政策と時代背景，それらの一連の流れを学ぶことは，「詰め込み教育はよくない」「ゆとり教育はよくない」といった感覚的で拙速な結論を出してしまうことを引きとめてくれる。結果的にうまくいったとはいえない教育政策についても，各時代がなぜそうした政策をとったのか，あるいはとらざるをえなかったのか，それぞれに社会的背景や教育的な課題が存在していたことが考えられる。それらを勘案しない安易な結論は，顕在化していない問題を見過ごすことにもなりかねず，重要な論点を看過してしまう可能性がある。状況を十分に把握し，全体を見渡した考えをもつことで，短絡的な結論を避けるとともに，過去の上に立つ現在の教育についても深い洞察を得ることができる。

　また，先行研究から児童生徒がつまずきやすい点，理解困難な点を学んでおくことは，児童生徒が起こしやすい誤答の予測に生かすことができる。誤答を含め，事前に児童生徒の学習活動を多様に想定しておくことは，これらの点に留意した教材の作成が可能になることであり，様々な状況に対応できる授業の設計につながる。児童生徒の学習過程の観察時には，とくにどこに注意を払いながら学習者を観察するべきかという着眼点の指標にもなる。学習者がつまずきを起こした際に，より早く気づくこともできる。さらに，除法の文章問題における等分除と包含除（第5章63頁参照）のような算数・数学教育学上の特性分類を学んでおくことは，児童生徒のつまずきを，より正確で詳細に分析することにつながる。たとえば，「計算問題はできるが，文章問題は不得意」「文章問題はできたり，できなかったりする」といった分析ではなく，どのような文章問題ができないのかを検討しやすくなる。そうすることで，より適切な指導が可能になる。大人にとっては2つの問題の間に大きな差がないように感じられても，児童生徒にとっては大きな差を感じる場合がある。授業設計においても，扱う問題がどのような性質のものであるのか，複数の問題を扱う場合には，それらが同様のものであるか，異なるものであるのかを自覚することで，学習者側が混乱をきたさないような配慮が可能になる。

第 1 章　算数・数学教育学

　算数・数学科は，ほとんどの人が授業を受けてきた経験があり，なじみがあることから，比較的簡単に教えられるのではないかとの思いをもつかもしれない。しかし，より適切に，効果的に指導し，よりよい授業を構築していくには，専門家としての知識が不可欠である。

（2）学び続ける教師になるために

　教師は，その職についてからも，実践家として，研究者として，学び続けることが必要となる。実践家としては，日々行う授業において児童生徒の状況を的確に把握し，どのような授業を設計するのかを考え，実践を行った後に省察することが必要である。同僚の教員に助言をもらうことで学ぶことも可能であるし，児童生徒とのやり取りの中で学ぶこともできる。毎日の授業を作業的に捉えてこなしていくのではなく，常に目的意識をもちながら授業や児童生徒と向き合うことが重要である。研究者としては，先行研究に学びつつ自身の実践を客観的に捉え，相対的に位置づけることで実践を考察することが必要である。算数・数学教育学の中で検討されてきた課題や，取り組まれてきた実践に学ぶ姿勢も重要となる。さらに，社会の変化に伴って求められる能力も変化するため，たとえばプログラミングに関する知識や，特別な支援を必要とする児童生徒への指導方法など，自身の教育哲学を基盤にもちながらも，専門家として常に学んでいくことが重要である。本や論文の講読のみならず，講演会や学会への参加，他校教員との交流，インターネットを活用した講座の受講など，多様な方法で研鑽を行うことが求められる。

　算数・数学教育は多くの人たちにとって身近な活動であることから，教師の専門性は認識されにくい部分もある。しかし，教師は専門的知識や技能，学び続ける姿勢が求められる専門性の高い職業である。医者が，目の前の患者の命に責任をもつように，教師は目の前の児童生徒の算数・数学能力，ひいては，児童生徒の将来に責任をもつ気概が必要である。その意味でも，算数科を教えるにあたり，中学校・高等学校における数学科の内容や算数・数学教育学の研究についてもしっかりと理解しておく必要がある。

11

引用・参考文献

奥招（1987）「算術から算数への名称変更についての一考察」『数学教育学論究』Vol. 47・48，31～34頁。

黒田恭史編著（2010）『初等算数科教育法——新しい算数科の授業をつくる』ミネルヴァ書房。

平林一栄（1984）「中等数学学習の可能性——一つの提言」西日本数学教育学会研究発表会資料。

守屋誠司編著（2015）『小学校算数』玉川大学出版部。

文部科学省（2017）小学校学習指導要領。

横地清（1978）『算数・数学科教育』誠文堂新光社，10頁。

横地清（1998）『新版21世紀への学校数学への展望』誠文堂新光社，3頁。

横地清（2001）「数学教育学の形成について」『数学教育学会誌』Vol. 42，No. 1・2，17～25頁。

（学習の課題）

(1) 算数・数学教育学が扱う研究内容について説明しなさい。

(2) 算数・数学教育学を学ぶ意義をまとめ，教師になった場合にはどのように学びを続けていきたいかを述べなさい。

【さらに学びたい人のための図書】

横地清（2006）『教師は算数授業で勝負する』明治図書。

⇨小学生が本来学ぶべき学習内容や，教師がいかに質の高い授業を行うかについて述べられている。「算数教育に強い先生」になるための授業方法についても明らかにしてある。

（岡本尚子，二澤善紀，月岡卓也）

第2章 評　価

この章で学ぶこと

　これまで，教育における評価に関する研究は数多く行われてきており，研究領域は広範にわたっている。これらは主に，なぜ評価するのかという評価の目的（Why），いつ評価するのかという評価の時期（When），誰が誰を評価するのかという評価の主体（Who），何を評価するのかという評価の内容（What），どのように評価するのかという評価の方法（How）から，研究がなされてきているといえる。本章では，評価に関する研究成果をもとに，評価の目的，時期，主体，内容と方法について解説する。

1　評価の目的・時期・主体

（1）評価の目的

　評価の目的は，学習状況の正確な把握と学習成果の確認を主として，児童の各種の能力を高めることである。評価方法の代表例としては，単元終了時の筆記テスト，学期末の通知簿などがあげられるが，単なる格付けや評点をつけるだけでは評価とはいえない。教師がそれらの結果を授業の改善や計画に活用したり，児童が自身の達成度や課題の把握に活用したりすることで，評価としての意味をもつ。

（2）評価の時期

　評価は，単元終了時，学期末，学年末といった学習の最終段階だけでなく，学習前，学習過程，学習後の全体を通して行われることが重要である。これは，診断的評価，形成的評価，総括的評価として表すことができる。それぞれの内

容は，次のとおりである。

(1) 診断的評価

　診断的評価とは，学年，学期，単元などの授業を開始するにあたって行われる評価で，事前的評価ともいわれる。レディネステストや認識調査が，これに該当する。前者のレディネステストとは，これから学習する内容に必要となる既習事項が，各児童にどの程度定着しているのかを調べるものである。台形の面積の導入にあたって，「三角形の面積の公式を活用できるか」「底辺が水平に置かれていない三角形であっても，底辺と高さを見つけることができるか」などが調査の問題に設定される。調査結果は，新しい単元の導入段階で復習する内容と時間数の決定，新しい単元で指導に留意が必要な点の分析などに用いられる。後者の認識調査とは，児童が日常的な経験則によって身につけている概念や，日常経験の実態を調べるものである。「砂糖を溶かす前の水と，溶かした後の水では，重さが変化するか」「容器Ａに入っている水を，異なる形をした容器Ｂに入れ替えると，かさは変化するか」などが調査の問題に設定される。調査結果を，数学的に正しい概念との相違の分析や，抽象的な思考の発達段階の把握に活用することで，取り扱う内容の順序設定やカリキュラム構築，授業で重点的に指導すべき内容などの資料とすることができる。

　また，こうした調査にアンケートを加えるなどして，習熟度別学習のコース編成を決める場合があるが，これも診断的評価となる。診断的評価は，教師の教授活動の計画に活用されることが多いが，この場合の評価については，教師と児童がその結果を共有したうえで，各児童のコースが決められることが望ましい。

(2) 形成的評価

　形成的評価とは，１時間の授業，１単元など，あるサイクルのプロセスで行われる評価である。フィードバックを主な目的とし，授業が計画通りに進んでいるか，ねらいどおりに展開されているかの資料とするものである。たとえば，１時間の授業のプロセスであれば，机間指導や児童の挙手の状況確認などが形成的評価に該当する。また，１単元であれば，各授業後の振り返りカードや復

習プリントなどが該当する。ねらいどおり児童が目標を達成していないと考えられる場合には，原因の特定と軌道修正を行わなければならない。発展的な内容まで扱うのか，復習に時間をかけるのか，児童の達成状況別に授業形態を変えるのかなどを判断しなければならない。

(3) 総括的評価

　総括的評価とは，単元終了時，学期末，学年末などの，各段階の終了時に行われる評価である。単元終了時の筆記テストや通知簿などが，総括的評価に該当する。総括的評価において留意すべきことは，単なる順位や結果の情報にとどめないようにすることである。教師にとっては，各児童，クラス，学年全体の到達状況を把握する資料になるとともに，授業の反省と今後の授業計画の材料として活用できる。また，児童にとっては，自身の学習における課題を確認し，今後の学習の計画に生かしていく資料とすることができる。

（3）評価の主体

　従来，評価は教師が主体となって児童の評価を行うことがほとんどであった。しかし，現在では，児童が学校卒業後も自分自身で学び続ける姿勢を身につける観点から，教師側の評価だけではなく，教師と児童が評価を共有しながら，児童自身も自らの評価を行う活動が重視されている（西岡，2016）。以下では，教師が主体の評価，教師と児童の相互の評価，児童が主体の評価についてその内容を述べていく。

(1) 教師が主体の評価

　教師が主体の評価は，教師が主導で評価基準を設定し，最終的な判断を決定する評価である。算数科ではこの評価が多く，教師へのフィードバックを主としたものと，児童へのフィードバックを主としたものがある。

　教師へのフィードバックを主としたものとしては，レディネステストや認識調査，机間指導，挙手の状況の把握などがある。主に教師が，自身の授業改善や計画のための資料として用いるものである。児童に直接評価が返されることはないが，児童の算数能力の向上に役立てられることになる。

一方，児童へのフィードバックを主としたものには，筆記テストや通知簿などがある。児童に達成してほしい目標を教師が設定し，その達成度を教師が測定して児童にフィードバックする評価である。この評価で注意すべきことは，評価内容を事前に児童に伝えておき，共有を図っておくことである。達成すべき内容を児童が事前に認識し，それに向かって学習した結果が評価に表され，児童にフィードバックされなければならない。

(2) 教師と児童の相互の評価

教師と児童の相互の評価は，教師と児童の双方が意見を出し合い，最終的な判断を決定する評価である。たとえば，習熟度別学習のコース編成の際，教師と児童が相談してどのコースに入るのかを決定することは相互の評価となる。

この評価で注意すべきことは，児童が正しく判断できるような資料として，各選択肢の長所や短所を明示することである。教師がレディネステストや筆記テストの結果で決定するのではなく，その結果と児童の希望を踏まえ，児童が納得して最終的な判断が決定されることが望ましい。

(3) 児童が主体の評価

児童が主体の評価は，児童が主導で評価基準を設定し，児童が判断を行うもので，これまでの算数科ではあまり行われていない評価である。具体例としては，学習した内容を活用して制作した作品のうち，どの作品を展覧会に出品するのかの最終的な決定を児童が行うことがあげられる。

この評価で注意すべきことは，児童が最終的な評価の判断を行う際に，児童自身になぜその判断を行ったのかの評価基準や根拠をしっかりと説明させることである。一定の判断基準と，それに基づいた妥当な判断でなければ評価とはいえないためである。

児童が主体の評価は，適切な評価基準の設定，客観的な判断，評価結果の説明など，複数の能力を必要とするものであり，すぐにできるようになるものではない。普段の学習において，目標を教師が児童に自覚させたり，各評価において具体的にどのような活動が，より高い評価につながるのかを教師と児童で共有したりすることの蓄積が必要となるであろう。

第 2 章　評　価

2　評価の内容と方法

（1）明確な評価内容の設定

　評価においては，児童が目標をどの程度達成したのかという判断が重要となる。到達度の適正な判断を行うためには，教師の主観に委ねられる曖昧な評価内容ではなく，学習開始前から教師と児童の双方が共有できる明確なものを設定することが望ましい。明確な評価内容の設定は，目標と評価の一致にもつながるため，児童は授業で習得すべきことを自覚でき，各自が目標を設定して主体的に学習することができる。また，教師にとっても，授業のねらいを具体的なものとしてもちながら，授業に臨むことができる利点がある。

　評価内容をより明確なものとする具体的な方法としては，行為動詞の活用が有用である。行為動詞とは，教師と児童の両者が観察・判断可能な動詞を指し，目標の動詞にこの行為動詞を用いることで，内容を具体化する方法である（西之園，1986）。たとえば，「学習した図形の性質を，すすんで日常生活に活用しようとする」という評価内容は，具体的に何ができれば，「すすんで」「活用しようとした」ことになるのかの基準が不明瞭になりがちである。そのため，教師にとっても児童にとってもその達成の可否がわかりにくく，最終的にその判断は教師の主観に委ねられることにもなる。これを行為動詞の考え方を用いて記述すると，「学習した図形の性質を用いて身の回りにある形を分類し，それぞれの特徴と利点を説明する」と表すことができる。

　行為動詞は，技能的行為動詞，認知的行為動詞，創作的行為動詞，運動的行為動詞，社会的行為動詞の5種類に分けられている。これらは全教科を対象としているため，算数科では運動的行為動詞を除いた4種類が参考になる。また，算数科では，認知的行為動詞に属する動詞の活動が多いため，これを分割することで，より詳細な分類が可能になると考えられる。ここでは，思考的行為動詞を新たに設け，もとの認知的行為動詞のうち，より思考が必要とされるものに分類し，それぞれの行為動詞の内容を次頁にまとめた。

技能的行為動詞：決められた手順をこなすことで，解決が可能な活動。機械的な作業が多い

認知的行為動詞：決められた手順をこなすことを基礎としながら，そこに自身の判断を交えることで解決に至る活動

思考的行為動詞：学習した知識をもとに，組み立てたり，操作したりすることで解決に至る活動。決められた手順をこなすだけでは，解決が難しい場合が多い

創作的行為動詞：学習した内容を用いて，何かを作製したり，発見したりする活動

社会的行為動詞：説明，発表，質問など，他者との関わりの中で行われる活動

　さらに，これら5種類の行為動詞の具体例を示したものが表2-1である。技能的行為動詞から社会的行為動詞まで，おおむね右にいくにつれて難度が高くなる活動であるといえる。

　行為動詞は，もともと評価の客観化を試行する研究の中で考えられた行動目標に源流をもっている。行動目標とは，学習の成果として児童に生じるものを操作的行動的用語によって規定しようとする考え方である（梶田，1992）。こうした考えは「行動の変化」という学習観に立っているため，情意面での変化，長期的な中での変化など，明確には特定が難しい変化の評価には適用できないという批判も一部で聞かれる。しかし，具体的な活動を示した評価のもとで行われる授業は，教師にとって，そして何より児童にとって，達成感や成長を実感できるものとなる。情意的な変化に寄与する要素を抽出したり，長期的な変化に重要となる活動を見越したりして，明確な動詞を用いて評価内容が設定されるべきであろう。

（2）行為動詞を活用した教師用の評価内容の設定

　評価の観点については，従来，学校教育法が定める学校教育において重視す

第2章 評価

表2-1 各行為動詞の例

行為動詞				
技能的	認知的	思考的	創作的	社会的
聞く	列挙する	立式する	計画する	聴く
よむ	比較する	予測する	作成する	質問する
書く	対照する	推論する	作製する	受け入れる
合わせる	区別する	解釈する	応用する	賛同する
分ける	識別する	分析する	工夫する	批評する
組み立てる	区分する	関係づける	発見する	指摘する
敷き詰める	分類する	対応させる	定義する	評価する
操作する	配列する	適用する	一般化する	説明する
収集する	整理する	適合させる	公式化する	発表する
測定する	選別する	結論する		表現する
描く	選択する	決定する		交流する
作図する	弁別する	帰納する		協力する
数える	同定する	演繹する		
計算する	見積もる	要約する		
記録する	検算する			
	確かめる			
	活用する			

出典：黒田（2008）18頁。

図2-1 評価の観点と行為動詞の対応関係

べき三要素（「知識・技能」「思考力・判断力・表現力等」「主体的に学習に取り組む態度」）を踏まえて，「知識・理解」「技能」「思考・判断・表現」「関心・意欲・態度」の4観点が用いられてきた。新学習指導要領への改訂に伴い，「目標に準拠した評価」の実質化，教科・校種を超えた共通理解に基づく組織的な観点から，小学校・中学校・高等学校の各教科を通じ，「知識・技能」「思考力，判

19

表2-2　評価内容の設定における行為動詞活用

観点	行為動詞	評 価 内 容
知識・技能	無	円の各構成要素がわかる
	有	円の中心・半径・直径を，図を用いて指し示すことができる
思考・判断・表現	無	折ったり，重なたりする操作を通して，円の性質を考えることができる コンパスを用いて，美しい模様を描くことができる
	有	切り抜いた円を折り曲げたり，重ねたりすることで，中心・半径・直径や，対称性を見つけることができる コンパスを用いて，決められた場所に，規則性のある模様を描くことができる
主体的に学習に取り組む態度	無	身の回りにある円のものに興味・関心をもち，すすんで性質を調べようとする。円の特性に気づき，すすんで生活に生かそうとする
	有	身の回りにある円のものを見つけることができる。円の性質を踏まえて，それらのものがなぜ円であるのか，なぜ円であると良いのかを考え，説明することができる

断力，表現力等」「主体的に学習に取り組む態度」の3観点に整理されることとなった（中央教育審議会，2016）。教師がこの3観点を用いて，各単元の評価内容を設定する際，行為動詞の5種類は，おおむね図2-1（19頁）のような対応をもつと考えるとよい。色の濃いほうがより関連性が高いことを示している。

　第3学年における「円」の単元について，従来の一般的な評価内容と，行為動詞の考え方を用いて記述した評価内容を比較すると表2-2のようになる。「…がわかる」「…を考えることができる」「美しい模様を…」「すすんで…しようとする」といった抽象度の高い言葉ではなく，教師と児童の両者がその達成を判断できる，より具体的な言葉を用いることが重要である。

（3）行為動詞を活用した児童用の評価内容の設定

　評価内容は，教師にとっては，児童に身につけさせたい能力であり，児童にとっては，達成すべき目標となるものである。目標は，事前にその内容を理解して，達成に向かうものであるため，評価内容は教師だけが認識するものではなく，児童にも事前に知らされることが必要である。ただし，児童には，児童自身が理解でき，児童自らが達成の判断ができるような，児童用の評価内容が

第2章 評　価

表2-3　ものさしを使った長さの測り方のチェックリスト例

	チェック項目	✓
1	線の端とものさしの「0」を合わせる	
2	もう片方の線の端を見る	
3	線の中で一番大きい数字（大きな目盛り）を書く（○cm）	
4	その数字から小さな目盛りを数えていくつかを書く（○mm）	
5	小さな目盛りが10より大きくなっていないか確認する	

提示されるべきである。この具体例としては，行為動詞を活用した，児童用の
チェックリストの作成がある。たとえば，第2学年の「長さ」の単元における，
ものさしを使った長さの測り方の授業のチェックリストをつくると表2-3の
ようになる。各活動を行為動詞を活用して記述し，児童が自分自身でチェック
できるようにしている。

　チェックリストは，児童にとって達成すべき目標であるとともに，活動手順
の指針となる。手順を忘れてしまった際にはこれを見て復習することができ，
また，当該の活動が苦手な児童にとっては，これを拠り所にしながら自身で反
復練習を行うことができる。教師にとっては，指導内容を明確化することにつ
ながるだけでなく，各児童のつまずいている箇所を発見する資料とすることが
できる。児童の活動を想定し，指導の方向性を定めることが求められるため，
効果的な指導につながるものといえる。

[付記]
　本章は，黒田恭史編著（2010）『初等算数科教育法──新しい算数科の授業をつ
　くる』「第10章 評価と学力調査」ミネルヴァ書房（164～173頁）をもとに修正を
　行ったものである。

引用・参考文献
梶田叡一（1992，初版は1983）『教育評価（第2版）』有斐閣。
黒田恭史（2008）『数学科教育法入門』共立出版。
中央教育審議会（2016）『幼稚園，小学校，中学校，高等学校及び特別支援学校の学
　習指導要領等の改善及び必要な方策等について（答申）』。

西岡加名恵（2016）『「資質・能力」を育てるパフォーマンス評価――アクティブ・ラーニングをどう充実させるか』明治図書。

西之園晴夫（1986）『コンピュータによる授業計画と評価』東京書籍。

___

学習の課題

(1) 評価の目的，時期，主体，内容と方法について，それぞれ注意点をあげながら，説明しなさい。

(2) 算数科の中から単元を1つ取り上げ，行為動詞を活用して，教師用・児童用の評価内容を作成しなさい。

___

【さらに学びたい人のための図書】

石井英真（2015）『今求められる学力と学びとは――コンピテンシー・ベースのカリキュラムの光と影』日本標準。
　　⇨各教師が，学びや授業のあり方を考えていくために，コンピテンシーや資質・能力について解説されている。また，新しい学びをどのように評価していけばよいのかが，具体的な事例を交えて紹介されている。

西岡加名恵（2016）『「資質・能力」を育てるパフォーマンス評価――アクティブ・ラーニングをどう充実させるか』明治図書。
　　⇨知識やスキルを使いこなす力を評価するパフォーマンス評価の方法について解説されている。評価のポイントのみならず，算数・数学科における授業モデルや具体例も紹介されている。

（岡本尚子）

第3章 学力調査

この章で学ぶこと

算数・数学科に関わる学力調査を，国際的な学力調査と国内の学力調査に分けて，それぞれの内容に言及していく。国際的な学力調査については TIMSS (Trends in International Mathematics and Science Study) と PISA (Programme for International Student Assessment) を，国内の学力調査については全国学力・学習状況調査を取り上げる。

1　国際的な学力調査——TIMSS と PISA

（1）TIMSS

(1) 調査の概要

TIMSS は，オランダのアムステルダムに本部を置く国際教育到達度評価学会（IEA：International Association for the Evaluation of Educational Achievement）が実施している国際的な学力調査である。調査内容には，算数・数学科と理科が設定されている。

調査目的は，初等中等教育段階における児童生徒の算数・数学科および理科の教育到達度を国際的な尺度によって測定し，児童生徒の学習環境条件等の諸要因との関係を分析することとされる（国立教育政策研究所, 2013）。調査対象は，小学校第4学年と中学校第2学年の2つの学年である。本調査は，4年ごとに実施されていることから，中学校第2学年の生徒が，4年前にどのような状況にあったのかを検討することが可能になっている。TIMSS 2015年の参加国・地域（以下，国）の数は，小学校第4学年が約50カ国，中学校第2学年が約40カ国である（国立教育政策研究所, 2016a）。なお，同年において，日本は，小学

23

校第 4 学年が148校・約4400人，中学校第 2 学年が147校・約4700人参加した。

(2) 算数・数学科の調査問題

　TIMSS の算数・数学科の調査問題は，日本の従来型の試験でみられるような問題が比較的多く，知識習得の程度を調査するものといえる。すなわち，これまで何を学んできたかを問うものといえよう。たとえば，図 3-1 は，TIMSS 2015年の調査問題の例である。小学校第 4 学年の問題は，隣り合う 2 つの数の差を求めること，中学校第 2 学年の問題は，三角形の内角の和や同位角などの知識を用いることで解決が可能である。いずれの問題においても，算数・数学科で学んだ知識をいくつか適用することで解答でき，従来の授業や試験でも一般的に取り扱われてきた問題であることがうかがえる。なお，解答形

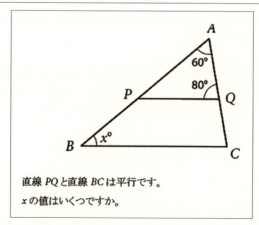

図 3-1　TIMSS 2015年の調査問題例（上：小学校第 4 学年，下：中学校第 2 学年）

式については，選択式や答えのみを解答するもののみならず，記述を求める問題も出題されている。

　TIMSS の算数・数学科の調査は，数学的な内容として小学校第4学年は「数」「図形と測定」「資料の表現」の3領域，中学校第2学年は「数」「代数」「図形」「資料と確からしさ」の4領域が設定され，問題が構成されている。TIMSS 2015年の領域別の問題の割合は次のとおりである（Mullis & Martin, 2013）。

〔小学校〕数：50％，図形と測定：35％，資料の表現：15％
〔中学校〕数：30％，代数：30％，図形：20％，資料と確からしさ：20％

両学年とも，数や，数および代数の問題割合が50％以上となっており，他の領域に比べて出題数が多くなっていることがわかる。また，いずれの学年についても，数学的な内容についての領域だけでなく，児童生徒に期待される行動や能力として，認知的領域が考えられており，次の3領域が設定されている。

知識（knowing）：生徒が知っておくべき数学的な事実，概念，手順
応用（applying）：問題解決や解答のための知識や概念理解の応用
推論（reasoning）：決まった手順の問題解決ではなく，見慣れない場面の問題，複雑な文脈の問題，多段階の問題の解決

TIMSS 2015年の算数・数学の調査問題を上記の認知的領域別にみると，その割合は，次のようになっている。

〔小学校〕知識：40％，応用：40％，推論：20％
〔中学校〕知識：35％，応用：40％，推論：25％

両学年とも，知識や応用に関する問題の割合がおよそ80％と大半を占めており，推論に関する問題の割合は低い。既述の問題例からもうかがえるように，手順の習熟や，知識の応用についての問いが多くを占めており，見慣れない場面の問題解決などを求める問いは少ないことがわかる。

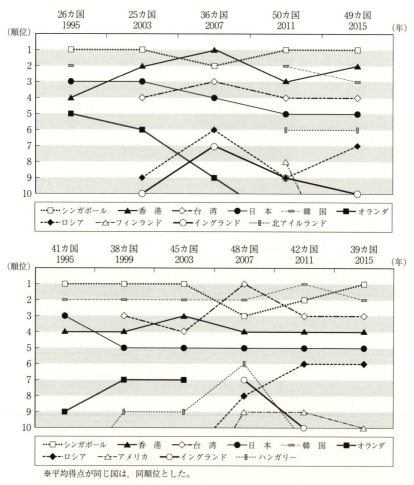

図 3-2　TIMSS 算数科の順位（上：小学校第4学年，下：中学校第2学年）
出典：国立教育政策研究所（2016b）をもとに筆者作成。

(3) 算数・数学科の調査結果

　図3-2は，TIMSSの算数科の主な上位国の順位結果である。いずれの学年においても，継続して上位5カ国はシンガポール，香港，韓国，台湾，日本となっており，アジア諸国が上位を占めている。6位以下は，実施年によって変化する傾向にある。

第3章　学力調査

　日本は，両学年とも1995年以降に順位の向上はみられないが，5位以内を維持している。上記の他の4カ国よりも低位に位置しているが，上位5カ国の中では最も人口規模が大きい国であるという特徴がある。また，日本の順位の向上はみられないものの，TIMSS 2015年は2011年と比較して，いずれの学年も得点率が有意に上昇しており，得点としては向上がみられる（得点は標準化されている）。低得点率の児童生徒が減少し，高得点率の児童生徒が増加していることが報告されていることから，このことが得点率上昇の一因と考えられる。手順の獲得や知識の適用に関する能力について，底上げが図られていることがうかがえる。ただし，上位5カ国の中では高得点率の児童生徒の割合は低いことが指摘されている（国立教育政策研究所，2016a）。

（2）PISA

(1) 調査の概要

　PISAは，フランスのパリに本部を置く経済協力開発機構（OECD：Organisation for Economic Co-operation and Development）が実施している国際的な学力調査である。調査内容は，数学科，理科，国語科といった教科名ではなく，3つの主要分野として，数学的リテラシー，科学的リテラシー，読解力が設定されている。

　調査目的は，学校や様々な生活場面で学んできたことを，将来，社会生活で直面するであろう様々な課題に活用する力がどの程度身についているかを測定することである（国立教育政策研究所，2016c）。調査対象は，多くの国で義務教育修了段階にあたる15歳児と設定されており，日本では，高等学校第1学年に該当する生徒が対象となる。本調査は，3年ごとに実施されている。PISA 2015年の参加国数・地域は，経済協力開発機構加盟の35カ国と，37非加盟国・地域であった。なお，同年において，日本は，198校・約6600人の生徒が参加した。

(2) 数学的リテラシーの調査問題

　PISAは，数学的リテラシー，科学的リテラシー，読解力の3つのうち，毎回1つが中心分野として設定され，総テスト時間の3分の2がその分野に費や

されて詳しく検証される。近年では，数学的リテラシーは PISA 2012年に中心分野となり，その際，当該リテラシーは次のような定義がなされた（国立教育政策研究所，2016d，93頁）。PISA 2015年においてもこの定義が踏襲されている。

　　様々な文脈の中で数学的に定式化し，数学を活用し，解釈する個人の能力。それには，数学的に推論することや，数学的な概念・手順・事実・ツールを使って事象を記述し，説明し，予測することを含む。この能力は，個人が現実世界において数学が果たす役割を認識したり，建設的で積極的，思慮深い市民に求められる，十分な根拠に基づく判断や意思決定をしたりする助けとなるものである。

　上記の定義における「定式化する」（formulate），「活用する」（employ），「解釈する」（interpret）という言葉は，問題解決者として関与するプロセスを示しており，数学的リテラシーは，生徒が問題に直面したときに，いかに適切に数学を使えるかという活用力を調査しようとしている（国立教育政策研究所，2016d）。通常の計算，面積や体積を求める求積など，知識の適用のみによって解答できる問題ではなく，問題を適切に読み取り，知識を活用して解決を求められる問題が多い。解答形式についても答えのみを解答するもののみならず，記述を求める問題も含まれている。学んだ知識をもとに，これから何ができるのかを問う調査といえよう。

　図3-3は，PISA 2012年の調査問題の例である。点滴の滴下速度について式の意味を考え，与えられた条件下での変化を説明することが求められている。算数・数学科で学んだ知識をそのまま適用するだけでの解決は難しく，問題を理解したうえで知識を活用し，解決を行う必要があることがうかがえる。

　PISA の数学的リテラシーの調査問題は，算数・数学科の内容として，「変化と関係」「空間と形」「量」「不確実性とデータ」の4領域が設定されており，4領域を25％ずつ出題することが望ましい配分とされている。また，上述の問題解決者として関与するプロセスである「定式化（する）」「活用（する）」「解釈（する）」についても，それぞれに対応する問題設定が考えられており，望ましい問題配分は，定式化 25％，活用 50％，解釈 25％とされている。さら

第3章　学力調査

点滴の滴下速度

点滴は、水分や薬剤を患者に投与するのに用いられます。

看護師は、滴下速度 D、つまり点滴を1分間に何滴落とすかを計算しなければなりません。

その場合、$D = \dfrac{dv}{60n}$ という計算式を用います。

d は1ミリリットル(mL)あたり何滴かを示すドロップ・ファクター

v は点滴する量(mL)

n は点滴に必要な時間(時)

点滴の滴下速度に関する問1

看護師は、点滴時間を2倍にしたいと考えています。

d と v の値は変えないで n の値を2倍にすると、D はどのように変わるか正確に書いてください。

図3-3　PISA 2012年の数学的リテラシーの問題例

に，PISAは様々な文脈を広く扱うことも重要視しており，問題の文脈についても「個人的」「職業的」「社会的」「科学的」の4領域を設定している。それぞれが25％ずつとなることが，望ましい問題配分であるとしている。

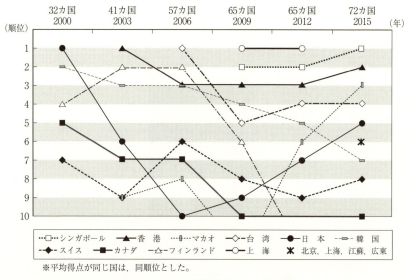

図3-4 PISA 数学的リテラシーの順位
出典：国立教育政策研究所（2016c）をもとに筆者作成。

(3) 数学的リテラシーの調査結果

図3-4は，PISAの数学的リテラシーの主な上位国の順位結果である。参加国数は増加してきており，上位国に新規参入国が位置する傾向にある。近年の上位国をみると，シンガポール，香港，マカオ，台湾，日本，中国（北京，上海，江蘇，広東），韓国といったアジア諸国となっている。TIMSSの上位国であるシンガポール，香港，韓国，台湾，日本が，PISAにおいても上位国に含まれていることがわかる。TIMSSは，中央集権的な教育行政や，画一的平等による教育などに特徴づけられる「東アジア型教育」の国々に有利とされてきたが，PISAにおいても同様の国々が好成績を収めている要因について，松下（2010）は2つの解釈に言及している。1つは，これらの国々が東アジア型教育から脱皮しつつあり，その成果が現れているという解釈である。従来のような，テストへの対応力を高める一斉授業や受験教育などから変化が生じているとの考えである。もう1つは，テストへの対応力が高い東アジア型教育が，ペーパーテストであるPISAにも適用可能だったという解釈である。PISAの

問題が新しい形式であるとはいえ，ペーパーテストであるため，テストへの対応力の高い教育が効力を発揮したという考えである。解釈の妥当性については，各国の教育状況によっても異なり，二者択一的に決められるものではないが，少なくともこうした国々の生徒は，知識の獲得を基盤にしながら，状況に応じてそれらを活用する力も一定水準以上身につけていることが指摘できる。

　日本は，TIMSSと同様に，シンガポール，香港，台湾よりも低位に位置しているが，上位国の中では人口規模が大きい国であるという特徴がある。具体的な順位の変化をみると，2000年から2006年にかけて，1位から10位まで低下した後，参加国数が増加し，上位国に新規参入国が位置する状況にありながらも順位は2015年の5位まで回復している。ただし，日本の平均得点について，2015年と得点比較が可能な2003年以降の各調査年を比べると，いずれの間にも統計的に有意な得点差は認められていない。なお，他国について，2012年と2015年の各国の平均点を比較すると，上位国であるシンガポール，香港，台湾，韓国などは，ほとんど順位に変化はないものの，有意に得点率が低下していることが報告されている（国立教育政策研究所，2016c）。

　得点率（得点レベル）別の人数割合について，日本の2015年と2003年以降の各調査年を比べると，低得点率（7レベル中の下位2レベル）の生徒数割合と高得点率（7レベル中の上位2レベル）の生徒数割合に有意な変化は認められていない（国立教育政策研究所，2016c）。上位国であるシンガポール，香港と日本の得点率人数割合の結果を比べると，2015年は，低得点率の生徒数割合の高さよりも，高得点率の生徒数割合の低さの方が差が大きいことから，高得点率の生徒数の少なさが上位国との差異につながっていることが指摘できる。

2 国内における学力調査——全国学力・学習状況調査

（1）調査の概要

　全国学力・学習状況調査（以下，全国学力テスト）は，2007年度に開始された，小学校第6学年と中学校第3学年を対象とした悉皆方式による調査である（た

だし，2010年度・2012年度は抽出および希望利用方式，2011年度は東日本大震災により中止，2013年度はきめ細かい調査である）。国内での悉皆調査は，中学校においては約40年ぶり，小学校においては初めてであった。

調査目的は，次のように定められている（文部科学省，2016a，1頁）。

- 義務教育の機会均等とその水準の維持向上の観点から，全国的な児童生徒の学力や学習状況を把握・分析し，教育施策の成果と課題を検証し，その改善を図る。
- 学校における児童生徒への教育指導の充実や学習状況の改善等に役立てる。
- そのような取組を通じて，教育に関する継続的な検証改善サイクルを確立する。

毎年度実施されている調査教科は，算数・数学科と国語科である。それぞれ，主として「知識」に関する問題(A)と，主として「活用」に関する問題(B)が設定されている。問題(A)は，「身に付けておかなければ後の学年等の学習内容に影響を及ぼす内容。実生活において不可欠であり常に活用できるようになっていることが望ましい知識・技能。など」とされ，問題(B)は，「知識・技能等を実生活の様々な場面に活用する力。様々な課題解決のための構想を立て，実践し評価・改善する力。など」とされている（文部科学省，2016a）。なお，おおむね3年に1度，理科も調査が行われるが，問題(A)，問題(B)に区別せずに実施されている。

（2）算数科の調査問題

算数科の調査問題は，上述のとおり問題(A)，問題(B)が設定され，それぞれ算数A，算数Bと呼ばれている。

主として「知識」に関する問題である算数Aは，日本の従来型のテスト問題の形式が多く，知識やその適用を問う問題が中心となっている。解答形式は，選択式の問題や，式と答えのみを解答するものがほとんどである。たとえば，次頁上の図3-5のような文章問題や，一般的な計算問題，角度や面積を求めるような問題である。

一方，主として「活用」に関する問題である算数Bは，PISAを意識した問

第3章　学力調査

　1mあたりの値段が60円のリボンを何mか買います。

　そのときの代金の求め方を考えます。

(1)　リボンを2m買ったときの代金はいくらですか。また，リボンを3m

　買ったときの代金はいくらですか。それぞれ答えを書きましょう。

図3-5　全国学力・学習状況調査（2017年）の算数Aの問題例

　ゆりえさんたちは，交流会に来てくれた地域の方20人に，お礼の手紙と
記念品をいっしょに封筒に入れて送ろうとしています。

　1通送るのにかかる料金は，封筒の大きさと重さによって，次のように
決まっています。

1通送るのにかかる料金

封筒の大きさ	封筒の重さ	料金
小さい封筒	25g以内	82円
	50g以内	92円
大きい封筒	50g以内	120円
	100g以内	140円
	150g以内	205円

　手紙と記念品を小さい封筒に入れると，1通の重さは27gになりました。
また，大きい封筒に入れると，1通の重さは36gになりました。ゆりえさん
たちは，料金をできるだけ安くするために，小さい封筒に入れて送ること
にしました。

(1)　手紙と記念品を封筒に入れて，20通送るときの料金について考えます。

　小さい封筒に入れて送る場合は，大きい封筒に入れて送る場合と比べて，
何円安くなりますか。

　求め方を言葉や式を使って書きましょう。また，答えも書きましょう。

図3-6　全国学力・学習状況調査（2017年）の算数Bの問題例

題内容といえ，日常などの様々な文脈における知識の活用を問うものになって
いる。算数Aよりも問題の文章量が多く，理由や考えを問うものや式を用いて
説明をさせるものなど，記述を求める問題が積極的に取り入れられている。た
とえば，図3-6のように，文章を読解したうえで，式と答えのみならず，言
葉も含めて解答することが求められる問題が出題される。

（3）調査における課題

　悉皆調査である全国学力テストが開始された背景の1つには，PISA 2003年における読解力の結果の大幅な低下や，数学的リテラシーの結果の低迷がある。いわゆる「PISA ショック」である。それまでに生じていた学力低下論争と相まって機運が高まり，悉皆調査には反対意見もありながら，数十億円単位の準備費用をかけて調査が行われることとなった。2007年の開始当初は，本調査に反対した愛知県犬山市が自治体として不参加を決定したが，政治リーダーの交代によって現在は参加に至っており，全国で不参加を方針とする自治体はない。

　こうした中，全国学力テストは，毎年，都道府県別の調査結果が公開され，その順位が注目を集めている。とくに下位の都道府県は成績の向上を重視せざるをえず，自治体によっては全国学力テストでの成績向上に向けた取組みを行っているほどである。そうした成果からか，下位の都道府県の底上げがなされて地域による得点差は縮小してきていることが報告されている（文部科学省，2016b）。

　しかし，各地域がおかれている社会状況を鑑みない単純な成績の公表と結果の比較には，留意が必要である。たとえば，子どもの貧困率や通塾率などは成績を左右する要因となる。これまでのデータをみると，国立・私立中学校への入学者数が多い都道府県では，公立小学校の成績の順位は高く，公立中学校の成績の順位は低いケースが複数で認められる。中学校受験を予定する成績上位層の多さが小学校の高順位につながり，成績上位層が多く国立・私立中学校に進学したこと（公立校に進学しなかったこと）が中学校の順位の低下につながった可能性が考えられる。

　近年では，都道府県単位だけでなく学校別の成績の公表を実施する自治体もあるが，それぞれの地域が置かれた状況を考慮しない中での一律的な結果の公表や，建設的な対応策の議論が不十分な中での順位への言及は，順位の向上を主たる目的にさせ，学校現場に疲弊をもたらす危険性も含んでいる。全国学力テストの目的については是非があるものの，その中には「学校における児童生徒への教育指導の充実や学習状況の改善」が述べられており，児童生徒のために行われるべきであることを忘れてはならない。

第3章 学力調査

引用・参考文献

国立教育政策研究所（2013）『TIMSS 2011 算数・数学教育の国際比較』明石書店。

国立教育政策研究所（2016a）『国際数学・理科教育動向調査（TIMSS 2015）のポイント』。

国立教育政策研究所（2016b）『国際数学・理科教育動向調査（TIMSS）結果の推移』。

国立教育政策研究所（2016c）『生きるための知識と技能6 OECD 生徒の学習到達度調査（PISA）2015年調査国際結果報告書』明石書店。

国立教育政策研究所（2016d）『PISA 2015年調査 評価の枠組み OECD 生徒の学習到達度調査』明石書店。

松下佳代（2010）『PISA で教育の何が変わったか──日本の場合』教育テスト研究センター CRET シンポジウム 2010.12 報告書，1～10頁。

文部科学省（2016a）『平成29年度全国学力・学習状況調査リーフレット』。

文部科学省（2016b）『平成29年度全国学力・学習状況調査の結果（概要）』。

Mullis, V.S.I., Martin, O.M. (2013) TIMSS 2015 Assessment Frameworks TIMSS & PIRLS International Study Center, Lynch School of Education, Boston College and IEA.

（学習の課題）

(1) TIMSS と PISA の特徴をそれぞれあげて説明し，2つの調査を比較しなさい。

(2) 全国学力・学習状況調査の概要を説明し，この調査が抱える課題を調べなさい。

【さらに学びたい人のための図書】

志水宏吉・鈴木勇（2012）『学力政策の比較社会学〔国際編〕PISA は各国に何をもたらしたか』明石書店。

⇨PISA の結果からみた各国の特徴について説明がなされている。さらにイングランド，ドイツ，フィンランド，アメリカなどの8カ国・地域の教育政策について詳しく分析がなされている。

志水宏吉・高田一宏（2012）『学力政策の比較社会学〔国内編〕全国学力テストは都道府県に何をもたらしたか』明石書店。

⇨全国学力・学習状況の影響や結果について解説がなされている。さらに，大阪府，高知県，秋田県，福井県などの9府県の教育政策について詳しく分析がなされている。

（岡本尚子）

第4章 学習指導要領

この章で学ぶこと

2017（平成29）年3月に告示された学習指導要領は，各教科とも「生きる力」をより具体化し，教育課程全体を通して育成を目指す資質・能力を，「何を理解しているか，何ができるか（生きて働く『知識・技能』の習得）」「理解していること・できることをどう使うか（未知の状況にも対応できる『思考力・判断力・表現力等』の育成）」「どのように社会・世界と関わり，よりよい人生を送るか（学びを人生や社会に生かそうとする『学びに向かう力・人間性等』の涵養）」の三つの柱に整理するとともに，各教科等の目標や内容について再整理がなされた。この章では，算数科に関して，第1節ではその目標と学びの過程および内容，第2節では算数科の指導と評価について育成を目指す資質・能力の三つの柱に関連させて示すことにする。

1 学習指導要領における目標・内容

（1）算数科の目標

新学習指導要領の目標を次頁の表4-1に示す。これは，1977（昭和52）年以降に告示された学習指導要領，たとえば2008（平成20）年告示の学習指導要領の目標（表4-2）と比べると，育成を目指す資質・能力の三つの柱である「知識及び技能」「思考力，判断力，表現力等」「学びに向かう力，人間性等」に沿って具体的に示されている点で異なる。

新学習指導要領の目標の冒頭にある「数学的な見方・考え方」は，算数科という教科の特質に応じた物事を捉える視点や考え方である。「数学的な見方」とは「事象を数量や図形およびそれらの関係についての概念等に着目してその

第4章　学習指導要領

表4-1　平成29年3月告示の新学習指導要領における算数科の目標

　数学的な見方・考え方を働かせ，数学的活動を通して，数学的に考える資質・能力を次のとおり育成することを目指す。
(1)　数量や図形などについての基礎的・基本的な概念や性質などを理解するとともに，日常の事象を数理的に処理する技能を身に付けるようにする。
(2)　日常の事象を数理的に捉え見通しをもち筋道を立てて考察する力，基礎的・基本的な数量や図形の性質などを見いだし統合的・発展的に考察する力，数学的な表現を用いて事象を簡潔・明瞭・的確に表したり目的に応じて柔軟に表したりする力を養う。
(3)　数学的活動の楽しさや数学のよさに気付き，学習を振り返ってよりよく問題解決しようとする態度，算数で学んだことを生活や学習に活用しようとする態度を養う。

表4-2　平成20年3月告示の学習指導要領における算数科の目標

　算数的活動を通して，数量や図形についての基礎的・基本的な知識及び技能を身に付け，日常の事象について見通しをもち筋道を立てて考え，表現する能力を育てるとともに，算数的活動の楽しさや数理的な処理のよさに気付き，進んで生活や学習に活用しようとする態度を育てる。

特徴や本質を捉えること」，「数学的な考え方」とは「目的に応じて数・式，図，表，グラフ等を活用し，論理的に考え，問題解決の過程を振り返るなどして既習の知識・技能等を関連付けながら統合的・発展的に考えること」である。したがって，育成されるべき「数学的な見方・考え方」とは，「事象を数量や図形及びそれらの関係などに着目して捉え，根拠を基に筋道を立てて考え，統合的・発展的に考えること」となる（文部科学省，2017c）。これは育成を目指す三つの資質・能力に対して働かせるもので，さらに算数の学習の中で働かせるだけではなく，今後の人生においても重要な働きをするものとされている。

　「数学的活動」は，「事象を数理的に捉えて，数学の問題を見いだし，問題を自立的，協働的に解決する過程を遂行することである」として，数学的な問題発見や問題解決の過程に位置づけられている（文部科学省，2017c）。また，それらの過程で働かせる数学的な見方・考え方に焦点を当てて児童の活動を充実させるという趣旨を一層徹底するために，1998（平成10）年告示の学習指導要領

37

から使用されてきた算数的活動という用語は，数学的活動と改められた。このことから，数学的な見方・考え方を働かせた数学的活動によって数学的に考える資質・能力が育成されるとしている。

次に算数科の目標(1)，(2)，(3)について述べる。

算数科の目標(1)は，「知識及び技能」について示されている。これについて，「身に付けるべき基礎的・基本的な内容の習得を重視するとともに，その背景にある概念や性質についての理解を深めながら，概念や性質の理解に裏付けられた確かな知識及び技能を習得する必要がある」とされており，単なる公式の暗記や形式的な学習指導に陥らないようにすべきである（文部科学省，2017c）。また，知識・技能を身につける過程を通して数学的な見方・考え方を育て，問題を解決する過程を通して数学的な概念や性質及び数学的な表現や処理の仕方を活用できるようにすることになる。さらに，問題解決においてそれらをどのように活用するかという方法知を身につけることが大切とされている。

次に，算数科の目標(2)は，「思考力・判断力・表現力等」について示されている。思考力・判断力・表現力等は，日常の事象から問題を見出したり，知識・技能を活用して問題を解決したりすることなどである。具体的に3つの力が示されている。

1つ目は，「日常の事象を数理的に捉え見通しをもち筋道を立てて考察する力」である。日常の事象を数理的に捉えることの重要性が強調されており，事象の中には模型（モデル）を構成し，数学的に問題を解決することが多く，このような過程を遂行する資質・能力を育てることも算数科の目標としている。算数科では，物事を判断する，推論を進める，問題を解決する過程において，見通しをもつ，筋道を立てて考えるなどいろいろな性質や法則を発見したり確かめたり，筋道を立てて説明するような資質・能力を育てることが重要となる。

2つ目は，「基礎的・基本的な数量や図形の性質などを見いだし統合的・発展的に考察する力」である。算数の学習において数量や図形の性質を見出し，数理的な処理をすることは，それらを統合的・発展的に考察することを通して，新しい算数をつくることを意味していると示されている。算数を統合的・発展

的に考察していくことで，算数の内容の本質的な性質や条件が明確になり，数理的な処理における労力の軽減も図ることができる。また，物事を関係づけて考察したり，ほかでも適用しようとする態度や，新しいものを発見し物事を多面的に捉えようとする態度を養うことも期待できるとされている。

3つ目は，「数学的な表現を用いて事象を簡潔・明瞭・的確に表したり目的に応じて柔軟に表したりする力」である。数学的な表現を柔軟に用いることで，互いの考えを伝え合うことが可能となり，それらを共有し質的に高めることができる。表現することは知的なコミュニケーションを支え，逆にその知的なコミュニケーションによって数学的な表現の質が高められ，相互に影響しながら算数の学習が充実するとされている。

そして，算数科の目標(3)は，「学びに向かう力，人間性等」について主に3つの態度等が示されている（文部科学省，2017c）。

1つ目は，「数学的活動の楽しさや数学のよさに気付くこと」である。これは各種調査から明らかにされた児童の課題をもとにした，算数科に対する児童の態度と情意面の目標である。

2つ目は，「学習を振り返ってよりよく問題解決しようとする態度」である。これは，算数学習に粘り強く取り組み，よりよい問題解決に最後まで取り組もうとする態度を育てるというねらいがある。

3つ目は，「算数で学んだことを生活や学習に活用しようとする態度」である。日々の生活や将来の社会生活，他教科の学習や今後の算数・数学の学習において身につけた知識および技能を活用していくことはきわめて重要なことである。

この目標を実際の指導で達成させるために，算数科の内容の系統性と児童の発達の段階に応じて，各学年の目標が設定されている。「算数科の目標」を具体化したものが「学年の目標」である。

（2）算数科の学びの過程

算数科における学習過程の果たす役割について示す。これについて，中央教育審議会答申では，「事象を数理的に捉え，数学の問題を見いだし，問題を自

立的，協働的に解決し，解決過程を振り返って概念を形成したり体系化したりする過程」といった算数・数学の問題発見・解決の過程が重要であるとしている。算数の問題発見・解決の過程として，「日常生活や社会の事象を数理的に捉え，数学的に表現・処理し，問題を解決し，解決過程を振り返り得られた結果の意味を考察する，という問題解決の過程」と「数学の事象について統合的・発展的に捉えて新たな問題を設定し，数学的に処理し，問題を解決し，解決過程を振り返って概念を形成したり体系化したりする，という問題解決の過程」が示されている（文部科学省，2017c）。これらは，それぞれ日常事象の考察に算数・数学を活用する過程と，算数・数学の世界で事象を考察する過程の2つを意味しており，この2つの過程が関わり合って算数の問題発見・解決の過程が展開される（図4-1）。また，児童が自立的に，時に協働的に問題解決に取り組み，そして主体的に取り組めるようにすることが大切であるとされている。

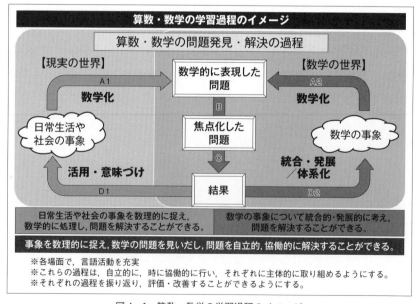

図4-1　算数・数学の学習過程のイメージ

出典：文部科学省（2017c）。

第4章　学習指導要領

（3）算数科の内容

　新学習指導要領における算数科の内容は，教育課程は学校段階間のつながり
を踏まえた編成となっている。児童の発達の段階を踏まえつつ，幼稚園と小学
校との学びの連続という視点，および小学校算数科と中学校数学科における教
育課程の接続という視点から，第1学年，第2・3学年，第4・5学年，第6学
年の4つの段階を設定し，それぞれの学年までに育成を目指す資質・能力と働
かせる数学的な見方・考え方を明示した内容構成となっている。

　内容の骨子は以下のとおりである。

---

① 数概念の形成とその表現の理解，計算の構成と習得
② 図形概念の形成と基本的な図形の性質の理解
③ 量の把握とその測定の方法の理解
④ 事象の変化と数量の関係の把握
⑤ 不確定な事象の考察
⑥ 筋道を立てて考えること
⑦ 数学的に表現すること
⑧ 数学的に伝え合うこと

---

①〜⑤は，学習において考察対象となるものとその考察の方法に関わる事項で，
⑥〜⑧は，算数科の学習全体を支える数学的な方法やプロセスにあたる事項と
なっている。これに基づき，領域構成が従来の「A 数と計算」「B 量と測定」
「C 図形」「D 数量関係」の4つから，5つの領域構成「A 数と計算」「B 図形」
「C 測定」「C 変化と関係」「D データの活用」に変更されている。これは，そ
れぞれの領域に児童が数学的活動を通して考察を深める内容がまとめられるこ
とになり，算数科の学習とその指導の趣旨がわかりやすいものになるようにす
ることを意図しているといえる（次頁，図4-2）。

　「D データの活用」は，統計的な問題解決の充実を図るために新設された。
統計的な問題解決の方法を身につけ，データに基づいて的確に判断し，批判的
に考察することができるようにするためである。なお，中学校からの移行とし
て「平均値，中央値，最頻値，階級」がある。

41

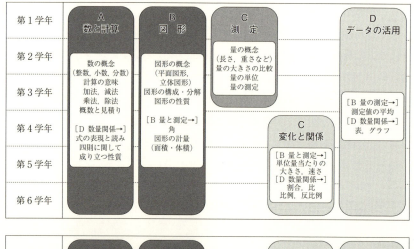

図 4-2 算数科における領域構成
出典：文部科学省（2017d）『小学校学習指導要領 解説』。

　プログラミング教育について，時代を超えて普遍的に求められる力であるプログラミング的思考を身につけることが重要とされている。そのために「プログラミング的思考と，算数科で身に付ける論理的な思考とを関連付けるなどの活動を取り入れることも有効である」と算数科におけるプログラミング的思考の育成が示されている。ここでのプログラミング的思考とは，「自分が意図する一連の活動を実現するために，どのような動きの組み合わせが必要か，どのように改善していけばより意図した活動に近づくのかということを論理的に考えていく力の一つである」（文部科学省，2017c）。これについては，第10章で述べる。

第 4 章　学習指導要領

2　算数科の指導・評価

（1）算数科の指導

　算数科の指導において目指していることは，「数量や図形などについての基礎的・基本的な知識および技能を確実に習得し，これらを活用して問題を解決するために必要な数学的な思考力・判断力・表現力等を育むとともに，算数の良さを知り，算数と日常生活との関連についての理解を深め，算数を主体的に問題解決に生かしたり，問題解決の過程を評価・改善したりするなど，数学的に考える資質・能力を育成すること」である（文部科学省，2017a）。そのため，次の 6 つのことに配慮する必要があるとしている。

（1）主体的・対話的で深い学びの実現に向けた授業改善

　主体的な学びとは「児童自らが，問題の解決に向けて見通しをもち，粘り強く取り組み，問題解決の過程を振り返り，よりよく解決したり，新たな問いを見いだしたりするなど」，対話的な学びとは「数学的な表現を柔軟に用いて表現し，それを用いて筋道を立てて説明し合うことで新しい考えを理解したり，それぞれの考えのよさや事柄の本質について話し合うことでよりよい考えに高めたり，事柄の本質を明らかにしたりするなど，自らの考えや集団の考えを広げ深める」である。また，深い学びとは「日常の事象や数学の事象について，「数学的な見方・考え方」を働かせ，数学的活動を通して，問題を解決するよりよい方法を見いだしたり，意味の理解を深めたり，概念を形成したりするなど，新たな知識・技能を見いだしたり，それらと既習の知識と統合したりして思考や態度が変容する」こととされている（文部科学省，2017c）。この学びは，必ずしも 1 単位時間の授業の中ですべてが実現されるものではなく，単元など内容や時間のまとまりの中で授業改善を進めることが求められる。また，児童や学校の実態に応じた多様な学習活動を組み合わせて授業を組み立てていくことが重要となる。とくに，「深い学び」の実現に向けては，数学的な見方・考え方を働かせた学習を計画的に適切に位置づけ，各領域で働く数学的な見方・

43

考え方を明確にしておくことが大切となる。

(2) 継続的な指導や学年間の円滑な接続

算数科の内容の系統性を大切にしながら，育成を目指す資質・能力について学年が上がるにつれて段階的に高めていくことが重要となる。そのために，各領域の内容等を数学的な見方・考え方の視点で位置づけたうえで，児童が自立的・協働的に数学的活動に取り組み，また継続的に取り組んだ数学的活動を振り返り，問題解決の方法を身につけられるようにすることが大切で，計画的な指導を工夫することが求められる。なお，10分から15分程度の短い時間を活用して算数科の指導を行う場合において，技能の習熟のみに偏らないようにすべきであり，問題の解決過程や結果を振り返り，学習についてまとめ，学んだことを似た問題に適用したりほかの問題場面に活用したりすることなどが考えられるとされている。

(3) 領域間の指導の関連

領域構成については，第1学年から第3学年までは，「A 数と計算」「B 図形」「C 測定」および「D データの活用」の4領域で，第4学年から第6学年までは，「A 数と計算」「B 図形」「C 変化と関係」および「D データの活用」の4領域である。各領域のそれぞれの内容は互いに深く関連しており，複数の領域間の関連を図り指導することが必要である。また，ある領域で指導する内容を，他領域の内容の学習指導の場面で活用するなどして，複数の領域間の指導の関連を図るようにする必要がある。なお留意すべき事として，「測定」は第4学年以降でも活用され，「変化と関係」はその素地が第3学年までの内容の中にも含まれている。

(4) 低学年における他教科等や幼児教育との関連

算数科では，たとえば他教科との関連を積極的に図って他教科等における体験などの学習活動の経験を関連づけること，幼稚園教育要領等に示す幼児期の終わりまでに育ってほしい姿との関連を考慮して，たとえば数量や図形，標識や文字などへの関心・感覚や，思考力の芽生えとの関連を考慮することが示されている。

第 4 章　学習指導要領

(5) 障害のある児童への指導

障害のある児童などの指導にあたって，個々の児童による，見えにくさ，聞こえにくさ，道具の操作の困難さ，移動上の制約，健康面や安全面での制約，発音のしにくさ，心理的な不安定，人間関係形成の困難さ，読み書きや計算等の困難さ，注意の集中を持続することが苦手であることなど，学習活動を行う場合に生じる困難さが異なることを留意して，それぞれに応じた指導内容や指導方法を工夫することを示している。学習内容の変更や学習活動の代替を安易に行うことがないよう留意するとともに，児童の学習負担や心理面にも配慮することが必要である。たとえば算数科における配慮の必要な場合として，児童が日常使用することが少なく，抽象度の高い言葉の理解が困難な場合，文章を読み取り，数量の関係を式を用いて表すことが難しい場合，空間図形のもつ性質を理解することが難しい場合，データを目的に応じてグラフに表すことが難しい場合等があり，具体的な配慮や工夫の必要性が示されている。

(6) 道徳科などとの関連

算数科において，「日常の事象を数理的に捉え見通しをもち筋道を立てて考察する力」を育てることは，道徳的な判断力を育成する事につながる。また，「算数で学んだことを生活や学習に活用しようとする態度」を育てることは，工夫して生活や学習をしようとする態度を育てることにもつながるものである（文部科学省，2017c）。また，道徳教育の全体計画との関連，指導の内容および時期等に配慮し，両者が効果を高め合うようにすることが大切であるとされている。

（2）算数科の評価

評価とは児童の能力を伸ばすためのものであり，評価の結果を児童が自身の達成度や課題の把握に活用する，教員が授業の改善や授業計画に活用すること等が考えられる。これまで評価について，4つの観点「算数への関心・意欲・態度」「数学的な考え方」「数量や図形についての処理」「数量や図形についての知識・理解」が設定されていた。新学習指導要領では，資質・能力の育成を

45

目指して「目標に準拠した評価」を実質化するために三つの柱に対応するように3観点に整理されている。1つ目は「何を理解しているか，何ができるか（知識・技能）」，2つ目は「理解していること・できることをどう使うか（未知の状況にも対応できる「思考力・判断力・表現力等」の育成）」，3つ目は「どのように社会・世界と関わり，よりよい人生を送るか（学びを人生や社会に生かそうとする「学びに向かう力・人間性等」の涵養）」である。これらは，各領域にそれぞれ適用される。

引用・参考文献

文部科学省（2016）「算数・数学ワーキンググループにおける審議のとりまとめ」
　http://www.mext.go.jp/b_menu/shingi/chukyo/chukyo3/073/sonota/__icsFiles/
　afieldfile/2016/09/12/1376993.pdf 参照。
文部科学省（2017a）学習評価に関する資料 平成29年7月18日。
文部科学省（2017b）『小学校学習指導要領』。
文部科学省（2017c）『小学校学習指導要領 解説 算数編』日本文教出版。

（学習の課題）

⑴ 新学習指導要領に示された育成すべき3つの資質・能力について示し，それと
　算数科の目標との関係，および評価の観点について記述せよ。
⑵ 算数科の指導について，その概要を記述せよ。

【さらに学びたい人のための図書】

黒田恭史編著（2010）『初等算数科教育法——新しい算数科の授業をつくる』ミネルヴァ書房。
　⇨以前の学習指導要領の要点についてまとめられており，現行のものと比較できる。また各章の内容は，これまでの算数科教育の課題や指導のあり方が示されており参考になる一冊。

（二澤善紀）

<table>
<tr><td>第5章</td><td>数と計算</td></tr>
</table>

この章で学ぶこと

　本章では，「数と計算」領域を対象として，第1節ではまず今日的課題として，「数の概念や性質」「計算」「式の表現や活用」「日常への応用」を観点とし，主に全国学力・学習状況調査の結果から指導上の検討課題を考察する。そして，それらの結果をもとに「数と計算」の目標と教育内容について概観する。第2節では，これらのうち実際に指導する際に重要となる具体的な展開の指導例を論じることとする。

1 「数と計算」領域の今日的課題

(1) 「数と計算」領域の問題点

(1) 数の概念や性質に関する誤答

　2007年度から毎年実施されている全国学力・学習状況調査では，「数の概念や性質」に関する次のような問題が出題されている。

　2014年度調査の算数Aの$\boxed{3}$（図5-1）は，分数の大きさを判断する問題である。正答率は72.7％であり，誤答で多いのは，$\frac{1}{2}$より大きい数として$\frac{3}{6}$を選択した解答（10.1％）である。

　2016年度調査の算数Aの$\boxed{3}$（図5-2）は，数の大小を比較する問題である。正答率は，(1)整数の大小比較に関する問題が96.7％であり，(2)小数の大小比較に関する問題が74.2％である。(2)の誤答で多いのは，「いちばん小さい数」を「7.01」とした解答（19.3％）である。

　このように，数の大きさを判断するとき，整数の場合と比較すると分数や小数の仕組みの理解が不十分であるといえる。

47

```
3
```

次の分数のうち, $\frac{1}{2}$ より大きいものは, どれですか。

下の **1** から **4** までの中から選んで, その番号を書きましょう。

1 $\frac{3}{5}$

2 $\frac{3}{6}$

3 $\frac{3}{8}$

4 $\frac{3}{10}$

図5-1　分数の大きさを判断する問題

```
3
```

次の問題に答えましょう。

(1) 下の **①** と **②** について, それぞれの 2 つの数の大小を比べて, □ に入る
不等号を**解答用紙**に書きましょう。

① 75 □ 25

② 104 □ 112

(2) 下の 3 つの数の中で, いちばん小さい数と, いちばん大きい数を書きま
しょう。

| 7.1 | 7 | 7.01 |

図5-2　数の大小を比較する問題

(2) 計算に関する誤答

　計算に関する問題として, まず計算技能に関する基本的な問題が, 2017年度
調査の算数Aの ② (図5-3) に全 4 問出題されている。正答率は順に (1)
85.3%, (2) 79.9%, (3) 66.8%, (4) 69.4%である。正答率が80%を下回っ
ているのは, (2) 末尾のそろわない小数の加法, (3) 四則が混合した整数と小

48

第5章　数と計算

> ### 2
>
> 次の計算をしましょう。
>
> (1) 123 × 52
>
> (2) 10.3 + 4
>
> (3) 6 + 0.5 × 2
>
> (4) 5 ÷ 9 （商を分数で表しましょう。）

図5-3　計算技能に関する問題

> (2) 2.1 ÷ 0.7 を，「わられる数とわる数に同じ数をかけても商は変わらない」
> というわり算の性質を使って，次のように計算します。
>
> 2.1 ÷ 0.7 ＝ ⑦
> ↓10をかける　↓10をかける
> ⑦ ÷ 7 ＝ ⑦
>
> 上の⑦，⑦，⑦に入る数を書きましょう。

図5-4　除法の性質に関する問題

数の計算，(4) 商分数の計算である。これらのことから，小数や分数の計算や
四則混合の計算を苦手とする児童が多いことがわかる。

　また計算の規則，性質に関する問題として，2016年度調査算数Aの①(2)
（図5-4）で除法の性質に関する問題が出題されている。正答率は，68.7%で
ある。誤答で多いのは，⑦を0.3とした解答（22.7%）である。おそらく，除
法で成り立つ性質とその他の演算で成り立つ性質とを混同していると予想され
る。このように，四則それぞれで成り立つ規則や性質とその関連性についての

49

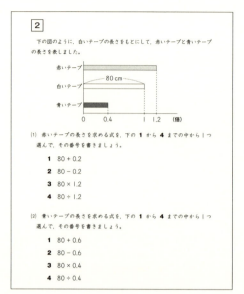

図5-5 乗法の意味に関する問題

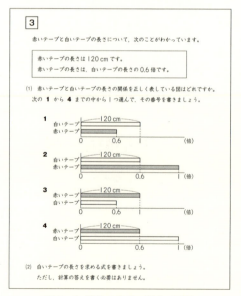

図5-6 除法の意味に関する問題

第5章　数と計算

理解が不十分であるといえる。

　さらに，計算の意味に関して，乗法の意味に関する問題が2014年度調査算数
Aの② （図 5 - 5 ）で出題されている。正答率は， (1) 1.2倍の意味に関する問
題で72.1％であり， (2) 0.4倍の意味に関する問題で54.3％である。また除法
の意味に関する問題が，2012年度調査算数Aの③ （図 5 - 6 ）で出題されている。
正答率は， (1) 除法の意味を図と対応させる問題で34.3％， (2) 基準量を求め
る式に関する問題で41.3％である。これらのことから，児童の多くは，乗法や
除法などの計算の意味をよく理解しておらず，また四則計算それぞれが適用さ
れる場面の理解が不十分であることがわかる。

(3) 式の表現や活用に関する誤答

　式の表現や活用に関する問題として，□を用いた式に関する問題が2017年度
調査の算数Aの⑧ （図 5 - 7 ）で出題されている。正答率は，83.7％である。ま
た2016年度調査の算数Bの② （次頁，図 5 - 8 ）では，日常場面（ハードル走）の
式の活用に関する問題が出題されている。各設問における正答率は， (1) 式の
表現に関する問題で，56.5％， (2) 式の読取りに関する問題では50.7％である。
これらのことから，□を用いた簡単な式表現はできるものの，日常場面の式の
活用を苦手とする児童が多いことがわかる。

8

　はじめにシールを何枚か持っていて，5 人で等しく分けたら，1 人10枚
ずつになりました。

　このことを，はじめに持っていたシールの枚数を□枚として式に表します。

　下の **1** から **4** までの中から，正しい式を 1 つ選んで，その番号を書き
ましょう。

　　　　1　$\square \times 5 = 10$

　　　　2　$10 \times \square = 5$

　　　　3　$\square \div 5 = 10$

　　　　4　$10 \div \square = 5$

図 5 - 7　□を用いた式に関する問題

51

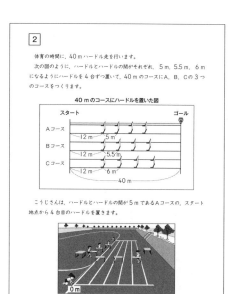

図5-8 式の活用に関する問題

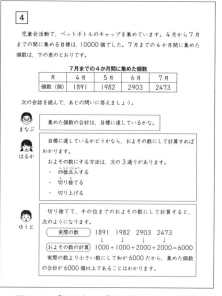

図5-9 「概数」や「概算」に関する問題

第5章　数と計算

(4) 日常への応用に関する誤答

　日常への応用に関する問題として，2015年度調査算数Bの④（図5-9）では，「概数」や「概算」に関する問題が出題されている。各設問における正答率は，(1) 四捨五入に関する問題で52.8%，(2) 概算（切り上げ）に関する問題で62.2%，(3) 概算（切り捨て）に関する問題で22.5%である。このように正答率は80%を大きく下回っている。児童の多くは「切り上げ」や「切り捨て」，「四捨五入」などの操作を形式的に行っていると予想され，その目的や必要性を十分に理解していないことが，日常へ応用できない実態につながっていると考えられる。

(5)「数と計算」指導の検討課題

　「数と計算」の指導では，計算技能の習得に多くの時間がかけられ，正確に素早く計算を行い，正しい答えを導くことが重視される傾向がある。こうした指導では，本来必要な数計算の意味やその特徴の理解，日常事象を解決する思考の育成には十分につながらない。先述の全国学力・学習状況調査の結果にみられるように，数の概念に関する理解や計算の意味理解が不十分な児童は少なくないのが実情である。これら「数と計算」領域での児童の理解困難な点を踏まえ，まとめられた目標4点を次の第2項に示す。

（2）「数と計算」領域の目標

　「数と計算」領域の目標は，大きくは次の4つにまとめることができる。

---

(1) 数（整数，小数，分数）の概念（意味，仕組み，構造，表現等）や性質とその相互関係を理解すること

(2) 数（整数，小数，分数）の四則の計算の意味，方法や性質，規則とその相互関係を理解し，計算が確実にできること

(3) 数（整数，小数，分数）や文字を含んだ式表現，式の読取り，式計算（変形）を理解すること

(4) 実際問題への応用，活用ができること

　さらに，これら4つの目標は次の(1)～(4)項目のように具体化される。

(1) 数（整数，小数，分数）の概念や性質とその相互関係を理解すること

【数としての整数】

　整数（小学校では負でない整数を指し，数学的には自然数と呼ぶ）指導の目標としては，児童が数の概念（意味，仕組み，構造，表現等）や性質とその相互関係を理解することがあげられる。

　なお，指導の際には（算数のどのような内容でも），指導者がその背景などを十分に理解しておくことが大切となる。それは，児童が算数の内容を学ぶ際には目先の内容だけではなく，**数学の学び方**をも学ぶことが大切となるからである。たとえば，自然数ではその定義の仕方は公理的に仕組む方法として**ペアノの公理**（自然数全体を公理化したもので，G・ペアノによって定義された）によるものと，離散的な集合の**カーディナルナンバー**（集合数，基数）のように見立てて集合の概念に帰着させる方法がある。こうした数学の構造を理解したうえで指導を行わなければ，児童には目先の暗記とテクニックの学習が目的となってしまい，**数学**（の本質）を学ぶことにつながらず，その積み重ねが，後々の数学嫌い，数学のつまずきを誘発する原因にもなる。したがって，指導者は教科書を用いて指導する場合も，その行間にある数学概念や児童の認識などを十分に調べ，工夫することが必要となる〔単に「子どもが好き」というだけでは的確な算数指導はできない。児童の育成のため（子どものため）には，まずは指導者が数学（概念）の内容やその楽しさを十分に理解しなければ，児童に楽しさが伝わらないこと，正しい数学を伝えることができないことを認識することが大切である〕。

　数の導入時，児童は「1，2，3」が書けたり，「いち，に，さん」と言えたりするが，**数字，数詞，数唱**を認識したうえで，ものの集まりの多さを表すこと，合成・分解できることを理解する必要があり，そして順序を表す数（**順序数，序数**）の理解に発展させていくことが大切である。

> ・**数字**…1，2，3…（数を表現するための記号，文字）
> ・**数詞**…いち，に，さん（ひとつ，ふたつ）…（数を表す語）
> ・**数唱**…いち，に，さん…（数を数えること）

第 5 章　数と計算

　集合数の数概念を児童が理解するには，**集合づくり**，**部分集合づくり**の指導が必要となる。

　たとえば，児童が「飲み物」という**全体集合**をつくり，その中で「ジュースの集合」「お茶の集合」などの部分集合をつくるということである。児童が集合づくりを理解できれば，**1 対 1 対応**の指導が必要となる。ものの集まりができると，2 つの集合の大きさを比べることとなる。その時に，一つひとつの要素ごとに対応させて大きさ比べをし，「多い・少ない，同じ」の弁別がなされる。そして，これらをもとに**類別**と**数**の指導へとつなげる。

　たとえば，具体物の集合をいくつか用意し（果物の集合で考えてみる），集合づくりによって，ぶどう，りんご，みかんの集合ができたとする。1 対 1 対応をさせ同じ大きさの集合に再編成される。りんごとみかんが同じ大きさ（たとえば，要素が 4 個ずつ）であれば，その集合の大きさに "4" を与える。同時に数字（4）と数詞（し）の対応を理解させることになる。

　このように 1 〜 5 までを与えるが，児童が集合数として 1 〜 5 までの数を言えて書ける段階に達しても，実際の具体物操作は困難な場合が多い。それは**数の性質**〔分割によってかわらない性質（集合の要素をどのように配置しても数の大きさはかわらない性質），順序を変えてもかわらない性質（要素をどこから数えても数の大きさは同じという性質）等〕を理解していないことによる。こうした性質を理解させないと**数**を理解したことにはならない。

　さらに，たとえば 5 は 1 と 4 や 2 と 3 でできている，2 と 3 で 5 になっているなどという**数の分解・合成**という性質を理解させる必要がある。あわせて児童がすでに日常で使用している "0" について，**空集合の 0 としての指導**も大切となる。

　児童は 1 〜 5 までの数を梃子として 10 までの数を理解するのだが，とりわけ 10 までの数の分解・合成の体得が必要となる。これは，10 以上の繰り上がりの計算に **10 のまとまり**の概念が必要となってくるからである。

　児童が 10 までの集合数の理解ができれば，**順序数**を指導する必要がある。順序数は順序を表す数（○番目や○人目）である。ここでは順序数と集合数との

55

差異の指導が大切となる。同じ5でも，集合数では集合の大きさを表し，順序数では順序を表すものである。

たとえば，「子どもが5人1列に並んでいます」という場合，集合数ではどの子どもが5であるかは特定できないが，順序数では，「前から5人目の人が出てきてください」といえば5が決まるのである（なお，混乱の一要因は，英語では one，two，three と 1st，2nd，3rd といったように基数詞と序数詞の単語が使い分けられているが，日本語では単独の序数詞をもたず1番目，2番目や第1，第2など，接尾辞や接頭辞をつけて表現を変えることにある）。この際，"目"というワードを強調する指導を見かけるが，これも形式的であることに注意が必要である（前述の通り，"目"だけが序数詞を表わすのではないためである）。

10以上の数になると**位取り**の意味の指導が必要となってくる。これ以降は主に十進構造（十進位取り記数法，十進数）で数を扱うが，児童が位取りの原理を理解するには，十進数が単なる1つの進数であることを理解させるため，一般的な **N進数**を理解させる必要がある。二進数や五進数の位取りを経験をさせる程度でもよいので低学年より教えておけば，児童は十進数の位取りで他の進数との位取りの差異から一般的な位取りの原理を理解できるといえる。低学年では繰り上がりの概念程度でよいが，高学年ではN進法をしっかりと指導することが望まれる。これ以後の大きな数の指導は同じことを繰り返していけばよい。あわせて，日本の命数法（一，十，百，千，万，億…など）の特徴を指導するとともに，**空位の0**の意味や読み方の特徴（空位は読まないこと）の指導も大切である。

また，数の大小比較をする際には，位に着目することや**数直線**を利用することの指導が大切となる〔数直線の0の意味や不等号の記号（$<$，$>$）もあわせて指導する〕。

さらに乗法を指導して，**数の乗法的構造**を理解させる必要がある。これまで，たとえば12は10と2で成り立つ**加法的構造**で考え，十進構造を教えていたが，$12 = 4 \times 3 = 2 \times 2 \times 3$という乗法的構造をもつことを指導することが大切となる。その際，**奇数・偶数**の理解（整数が2種類に類別できること）にはじまり，**約数**，**倍数**，**素数**そして**素因数分解**の指導が必要である。続いて**公約数**，**最大公約数**，**公倍数**，**最小公倍数**の理解をさせていくことが大切となる。これらは整数の性

第5章　数と計算

質の学習では大切である。小学校ではたとえば最小公倍数は分数の通分，最大公約数は分数の約分などでも大切となる。

　数の相対的な大きさや概数の指導も大切であるが，位と桁に着目した**バラ数**の指導も有効である。バラ数とは数表現の一種であり，たとえば382は100が3個，10が8個，1のバラが2個集まった数であるため，382と書き，3桁数という。概数として3桁数で382も表現できる特徴をもち，**数の相対的な大きさ**を理解するには大切な内容である。さらに児童が十進構造の位取りの概念が理解できていれば，たとえば，3+2の計算から，3+2といった計算も理解でき，**概算**の理解がしやすいともいえる。なお，**概数**では端数処理または丸める（四捨五入，切上げ，切捨て）操作だけではなく，その意味や価値について十分な指導が大切である（たとえば，五捨六入などを扱い，差違を考察すること）。

　さらに，**負の数**について日常的によく使われるため，その正式な扱いは中学校で学ぶとされているものの，児童には早目に的確な導入をしておいたほうが後々の混乱も避けられる。児童が負の数の意味や，加法・減法程度の学びを高学年で体験することは効果的であると考えられるが，こうした際に中途半端な指導を行うと児童に混乱を招くことにつながりかねない。算数の授業で教科書では扱っていない内容にもかかわらず，児童から質問が出てくることは十分に予想されるため（たとえば，「−3（マイナス3）って何？」「2−3はどうやって計算するの？」「"マイナス"と"ひく"って同じ？」など），的確な数学に則るのはもちろんであるが，児童の認識段階に見合う工夫をした指導が求められる。小学校だけのマイナールール（数学に則らない）指導が一番問題となる。後々の児童の数学観に間違った土台をつくらないことに配慮する必要がある。

【数としての小数】

　小数では**連続量**としての大きさを表現するものとしての小数と小数の仕組みの指導が大切である。身の回りには，1つずつ数えられるものと数えられないものがある（離散量と連続量）。その大きさをたずねるとき，数えられる場合は「いくつ」，数えられないものは「いくら」とか「どれだけ」という聞き方をする場合が多い。長さ，広さ，かさ，重さ，時間などの量が後者であり，**連続量**

と呼ばれ，いくらでも小さく分割できたりする（最小量が存在しない）特徴がある。こうした連続量の大きさを表現する，いわゆる端数を表現する際に小数が導入される。この際には連続の意味の指導が大切となる。なお小数の種類としては，整数部分を含まない**純小数**と整数部分を含む**帯小数**がある。

　小数の仕組みとしては，整数と同様に十進構造をもつ。したがって，整数の集合は小数の集合の一部分であることを理解させる必要がある。小数の大きさにも順序があるが，その際とくに重要なことは，比べるまたは異なる2つの数の間に他の小数である**中間の小数**が必ず存在することである。これは，整数とは本質的に異なる大切な仕組みである。こうした順序の問題は数直線で考えることが多い。

　数直線は，連続量の大小，稠密性，連続性，加法性などが直線上に表され，連続量の性質を視覚的に捉えるものといえる。幾何学的な直線に写して，線分の長さに対応させているものと考えてよい。なお，数直線と**線分図**とは異なる。線分図は数直線の特長である大小関係，連続量の加法性を利用しているだけである。したがって，線分図に書けるのは，加法性が存在する場合に限られるため，それぞれの扱いに注意が必要である。

　小数の除法の指導でも，**割り切れない**ことが起こってくる。どこまでも割り進めていくことは可能であるため，**無限小数**がでてくる。数学的には**循環小数**（同じ数字の列が無限に繰り返し並び続ける小数，有理数）や**循環しない小数**（無理数）とがある。小学校で扱う循環小数は分数と関連するため循環小数の扱いに対する配慮が必要となる。

【数としての分数】

　日本では，様々な量をはかる際には小数が多く使われる。児童が1年生から112.5cmとか28.9kgとか小数を使用できるのは，日常で量を数値で表すときに小数が使用されているからである。しかし分数はあまり使用されないため児童には身近な存在ではない。諸外国では分数を日常的に使用している国もあるように，分数も量を生かした指導が望ましい。

　分数の数の種類としては，分子が分母より小さい**真分数**（その中で分子が1の

58

ものは**単位分数**），分子が分母以上の**仮分数**，整数と分数の和で表現した**帯分数**があげられる。

また，分数の意味には主に**分割分数，量分数，割合分数，商分数，有理数としての分数**などがある。具体的にいうと，たとえば $\frac{1}{3}$ の場合，

- 分割分数…ある対象を 3 等分した 1 つ分を表す
- 量分数…$\frac{1}{3}$ m などの量の大きさを表す
- 割合分数…A は B の $\frac{1}{3}$ というように割合を表す
- 商分数…$1 \div 3$ の商を表す
- 有理数としての分数…数として $\frac{1}{3}$ を表す

などがあげられる。

分割分数の場合は必ず**全体の 1** が何を示しているのかの理解を徹底させる必要がある。量分数の場合には，経験的な**量感覚**を育成することが必要となる。児童にとっては商が分数表現できることの理解が困難であり，割合の意味も入る割合分数の理解も困難であるため，これら意味の差異の理解を徹底させる必要がある。

また，分数は整数や小数と異なり，同じ数をいくらでも表現する方法がある。これについても児童には理解が難しいため，数学的に深い理解のもとわかりやすく伝える工夫をするなどして指導にあたることが大切となる。

分数の順序関係の指導にも注意が必要である。任意の分数を 2 つとれば，等しいか，一方が他方より小さい，または大きいのいずれかである。同分母分数の比較の場合，単位分数の比較の場合，異分母分数の比較の場合，そして帯分数の比較の場合，それぞれの特徴に注意をする必要がある。

整数と小数，分数の関係として，たとえば 1 は 1.0 や $\frac{10}{10}$ と表現できるように，整数は小数，分数に表現が可能であること，しかしながら，$\frac{1}{3}$ は 0.333…と有限小数では表現できないが数として存在することなどの相互関係を理解させることが大切である。また約分について，$a \div b$（a, b 整数, $b \neq 0$）の商が $\frac{a}{b}$ であるため，たとえば $\frac{4}{6} = \frac{2}{3}$ という約分は $4 \div 6 = (4 \div 2) \div (6 \div 2) = 2 \div 3$ という除法の性質と関係していることを理解させることが大切となる。

(2) 数（整数，小数，分数）の四則の計算の意味，方法や性質，規則とその相互関係を理解し，計算が確実にできること

【整数の計算】

児童が整数の意味や性質などの理解をもとに，整数計算の意味，方法や性質，規則が理解できるようになり，そして計算が確実にできるようになることが目標となる。ここでは，計算技術や方法の暗記などいわゆるマイナールールの指導におちいらないことに注意が必要となる。

まず，計算で最初に指導するのは**加法，減法**であるが，単なる数の計算は，数の分解・合成と関係させて指導すればよい。しかしながら，加法・減法には意味があるため，その指導だけでは不十分といえる。

整数には集合数と順序数の意味があるため，場面で考えると，加法では前者は**合併，増加，求大**，後者が**順序数を含む加法**となる。

- **合併**…同時に存在する2つの集合の数を合わせること

　　　（例；公園に男の子3人，女の子2人が遊んでいます。全部で何人の子どもが遊んでいますか？）

- **増加**…2つの集合の数を合わせるが，時間的経過をともなうもの

　　　（例；公園で男の子3人が遊んでいます。後から女の子が2人きました。全部で何人になりましたか？）

- **求大**…差を利用する加法

　　　（例；男の子は3人です。女の子は男の子より2人多いです。女の子は何人でしょう？）

- **順序数を含む加法**…順序で考える加法

　　　（例；3人目より2人後ろは何人目でしょう？）

加法の際に注意が必要となるのは，計算可能なのは同じ仲間であるという理解である。たとえば「りんご5個とみかん10個」は加法ができるかどうかについて考えると，「りんごは全部で？」と聞かれると加法はできないが，「果物は全部で？」と聞かれると加法は可能となる。

第5章　数と計算

　また，立式の数の順序やブロック操作の方法，文章に出てくるワードによる演算方法の決定などを徹底する指導（形式的，技術的指導）もみかけるが，これらもマイナールールが多いことに注意する必要がある。あくまでも一般化した場合からの指導が大切となる。これらは減法でも注意が必要となる。

　一方，減法は加法の逆の意味であり，場面としては集合で考えるのは**求補**，**求残**，**求小**，**求差**があり，順序で考える**順序数を含む減法**がある。

- **求補**…「合併」と逆の関係と考えるとわかりやすい

  （例；公園に男の子・女の子全員で5人遊んでいました。男の子は3人です。女の子は何人でしょうか？）

- **求残**…「増加」と逆の関係と考えるとわかりやすい
- **求小**…「求大」と逆の関係と考えるとわかりやすい
- **順序数を含む減法**…「順序数を含む加法」の逆の関係と考えるとわかりやすい

　なお，求差は差を求めるもので，他のものとは若干様相が異なる。そのため児童は非常に苦手とする。

　求差の問題は，たとえば「緑の紙が3枚，青の紙が5枚あります。違いは何枚でしょうか？」といった問題となる。求差の理解には集合の対応を考え，1対1対応させ，多い方（少ない方）の集合を判断する。そして，対応のついた要素とついていない要素に分け，ついていない要素の数を数えることが必要となる。こうした一連の流れを理解できない児童は，平気でたとえば「3−5＝2」などとしてしまうのである。ただしこの際，「習っていないから間違い」「大きいほうから小さいほうをひいていないから間違い」「計算できないから間違い」などと指導するのは，形式的な指導で望ましくない。なぜなら児童は差という概念はわかっている可能性があるからである。形式的・技術的な指導におちいらないため，指導者の数学への的確な理解が求められる。

　一方で，計算方法も重要となってくる。和や差が10までの加法，減法は数の分解・合成を梃子とすればわかりやすい。和や差が10を超えると計算が容

61

易ではないため，既習の 10 までの数の分解・合成と十進構造の概念を利用して行うことが望まれる（数学では未習の内容に関して，既習の内容をベースに問題を解決するというのが大切な考え方である）。たとえば，加法では，**加数分解，被加数分解**，減法では，**減加法，減々法**という方法がある。

たとえば 7 + 8 の場合，加数分解は 7 + 8 = 7 + (3 + 5) = (7 + 3) + 5 = 10 + 5 = 15 のように加数を分解し，被加数分解は 7 + 8 = (5 + 2) + 8 = 5 + (2 + 8) = 5 + 10 = 15 のように被加数を分解するという方法である。

また，たとえば 15 − 7 の場合，減加法は 15 を 10 と 5 に分け 10 − 7 = 3，3 と残った 5 を加え 8 とするもの（減じてから加するもの）であり，減々法（減じてから減ずるもの）は，7 を先に 2 と 5 に分け，15 − 5 = 10，10 − 2 = 8 とする方法である。

さらに大きな数の計算となると筆算が大切となる。筆算では位をそろえて書くことを形式的に教えるのではなく，位をそろえるにはどのような利点があるのかなどを理解させる必要がある（加法は位同士を足すことが大切である）。また，計算する位の順序としては一の位からの開始を機械的に教える必要はない。概算を意識すれば頭位（上の位）からの計算も大切となるからである。

また，**暗算**の指導も大切となる。暗算は，たとえば 15 + 32 の場合，一般的には頭位からの計算となることが重要とされる。また，たとえば 347 − 6 の場合は，347 − 10 = 337 の計算をしてから 337 に 4 を加えたり，5 + 7 + 9 + 3 の場合は，5 + 7 + 9 + 3 = 5 + 7 + 3 + 9 = 5 + (7 + 3) + 9 = 5 + 10 + 9 = 24 として計算するように，児童が 10 をうまくつくることから計算を容易にできることが望まれる。

なお，加法においては，**交換法則，結合法則**が成り立つが，これらの法則の丸暗記や計算の仕方を覚えさせるだけに陥らず，その有効な利用を理解させる必要がある（たとえば先述の暗算での利用などである）。また，加法と減法の相互関係についても，文字（□や x）を利用することから理解させる必要がある。

次に**乗法**，除法の意味に関しては，整数段階の導入時でその基礎を理解させ，小数・分数段階で発展させるのが一般的である。乗法の意味の指導において，

第5章　数と計算

基本的には**同数累加**，**倍概念**，**量の積**などがある。離散的な整数を扱う場合は，児童がこれまで学んできた加法の関連から同数累加的な扱いが大切となる。

　なお，児童が系統的な意識をもって学んでいるという前提にたてば（加法を集合の和で定義している），集合を意識した乗法はたとえば直積で定義され，同数累加を意識した乗法ではペアノの公理による定義に通じているように，数学のベースが異なることに配慮する必要がある。乗法として，たとえば3，3，3，3の総和を考えた際，「3ずつを4回とる」を「3ずつを4回」と考えることが大切であり，すなわち〇**ずつ**□**回**と考えるのが乗法の意味といえる（これを形式的に〇の□倍としてもよい）。

　たとえば，乗法では演算記号×を使って3×4と表し，3ずつ4回と考えることが多い。なお，3×4は日本語では3かける4（3ずつ4回）と読むが，英語では3 times 4（3回4ずつ）と読み，意味が異なる。そのため，数の順序にこだわりをもつのはあまり意味がなく，児童の式の捉えが大切となる。そして，**乗法九九**の指導では，ほとんど2や5の段からの導入であるが，乗法の内容の意味を理解させるには，どの段からの扱いでも問題はない。2や5の段は児童がすでに答えを暗記しており，答えがわかってしまっているため意味や内容を理解できない場合があるので注意したい。7，8，9の段は児童が苦手とするが，その原因はそれらの段を扱う時間が少ないことがあげられる。それは，2の段や5の段の指導時間が長すぎることが一要因であることは否めない。したがって，2，5，7，9…などの順での指導も効果がある。

　これに対し除法の意味は，**等分除**と**包含除**がある。等分除とは，たとえば，「12個のリンゴを3人で分けます。1人分は？」という，1つ分の大きさを求めるものである。

　一方，包含除とは，たとえば，「12個のリンゴを1人に4つずつ配ると何人に配れますか？」という，いくつ分を求めるものである。

　乗法との関係で考えると「〇（ずつ）×□（回）＝全体（数）」の場合，除法は乗法の逆演算であるので，「全体（数）÷〇（ずつ）＝□（回）」と「全体（数）÷□（回）＝〇（ずつ）」の2つの割り算となり，前者が包含除，後者が等分除に

63

なる。この2種類があるにもかかわらず，一般的に**割る**といえば等分除の意識が強い（包含除の意識はかなり弱い）。このことは，たとえば，児童が「少数や分数の割り算をすると商が被除数より大きくなる場合がある」という考えを理解しにくいことからわかる。したがって，たとえば「5mのリボンを1人に0.5mずつ配ると何人に配れますか？（5÷0.5）」のような問題を包含除的に考えれば，商が被除数より小さくならない場合があることはわかるため，こうした“配る”などの包含除的な実際の経験を積ませ，まずは“割る”の2種類の意味を理解させることが大切となる。さらに，たとえば「6個のみかんを2人で分け，1人分を求める」という場合，6÷2＝3となるが，6（個）÷2（人）＝3（個/人）となるのが等分除であり，6（個）÷2（個）＝3（→1個/人×3＝3個/人）となるのが包含除であるため，結果的に同じ式で表現することを理解させることが大切となる。

また，除法では**余り**の扱いが難しい。たとえば7÷3＝2…（余り）1であるが，7÷3＝2…1，9÷4＝2…1，の場合，7÷3＝9÷4とはならないことなど，余りの本質的な意味をおさえるには7＝3×2＋1で表されることを理解させる必要がある。さらに，除法に関しては乗法の逆の定義であることを理解させることが大切となる。

乗法・除法については，**複合量**（**組立量**ともいい，複数の単位の組合せによる量のこと）が出てくると少し複雑となる。一般的には，たとえば20（cm）÷4（cm）＝5，すなわち　全体（比較）量÷基準量＝倍を求めることとなるが，比例関係が仮定される複合量（組立量）について，20（g）÷4（cm）＝5（g/cm），すなわち全体（比較）量÷基準量＝複合量（組立量）（単位量あたりの大きさ）という意味ともなる。なお，複合量（組立量）については，たとえば，面積について，5（cm）×4（cm）＝20（cm²）と乗法で組み立てていること（ずつ×回ではないこと）に注意が必要である。

乗法の性質としては，乗数と積の関係（乗数が1増えると積は被乗数分だけ増える）や，加法同様の交換法則，結合法則とさらに**分配法則**があるが，それらを自ら実証できるような扱いや，それらを利用する扱いが大切となる。

第5章　数と計算

　また，乗法・除法の筆算については計算技術の暗記ではな
く，方法を理解させることが大切となる。たとえば，36×4
の計算が図5-10のようになるのは，36×4＝（30＋6）×4＝
120＋24とうまく分配法則を利用していることを理解させる
必要がある。

```
     36
  ×   4
     24
     12
    144
```

図5-10　筆算

　除法についても，なぜ頭位から計算するのかの意味をよく
理解させることが大切である。除法の性質としては，除数および被除数に同じ
数をかけても，割っても商は変わらないということを理解させるだけではなく，
先述した活用（たとえば，約分や，後述する分数の除法など）についても理解させ
ることが大切となる。

　また，**式の意味**や**等号（＝）の意味**も，学校数学の系統や児童の認識の発達
段階を意識して，使い分けを指導する必要がある。四則混合計算をする際には，
括弧の用法，**乗除先行の規則**の利用が必要となってくる。この指導は計算上の
規則として形式的に指導されがちであるが，文章問題，応用問題などの立式な
どを通して意味づけをさせたうえで理解させたほうがよい。現在では扱われて
いないが，高学年で，負の整数の加法・減法の計算，できれば簡単な四則計算
までは導入することが望まれる。

【小数の計算】

　小数の四則計算は，整数と同様に加法で交換，結合法則，乗法ではさらに分
配法則が成り立つ。児童は，単に小数でこれらの法則が成り立つということを
技術的，形式的に理解するだけではなく，数が拡張されたため，新たに法則が
成り立つことを確かめる意味の大切さを理解する必要もある。

　また，計算方法については，十進構造をもつため，整数の場合と原則的に代
わりはないが，小数点の扱いに注意する必要がある。しかし，十進構造をよく
理解し，10^nと関係して捉えさせていれば，さほどの問題とはならないが，小
数点の扱いを揃えるとか，動かすといった技術的な扱いに終始してしまうと，
児童はその後の学習でつまずくことになる。これは先述したが，バラ数の考え
方を導入すればわかりやすい場合もある。たとえば0.3×100の場合，0.3は

65

$\overset{\text{割}}{3}$ より，$\overset{\text{割}}{3} \times \overset{\text{百}}{1}$ となり，位どうしの計算で，割×百＝十という理解（10^n の理解）があれば，答えは $\overset{+}{3}$（すなわち 30）というように計算できる。

　計算の意味で重要となるのは，乗法，除法である。小数×小数の扱いまで拡張されるため同数累加だけでは扱うことができなくなる。そのため，倍（割合）では，「比較量（全体量）＝基準量×割合」（複合量は同様の考えを拡張する）を考えることになる。

　除法は，この逆として考えられるが，「割合＝比較量（全体量）÷基準量」という包含除を拡張させた考え方，と「基準量＝比較量（全体量）÷割合」という等分除の拡張という見方ができる。なお，複合量の場合は連続量での扱いとなるため，小数ではじめて統一される。

【分数の計算】

　分数計算の加減乗除の計算の意味は小数と同様のものであるため，小数の意味の考えを生かすことが大切である（整数とは異なることに注意が必要である。たとえば，乗除の文章問題の立式の際に分数を整数になおして立式させ，その後に分数と変える指導をよくみかけるが，これも形式的で技術的な指導で，マイナールールであるとの認識が大切である）。しかし，計算方法は異なってくるので注意が必要である。まず加法，減法については，同分母分数の場合は単位分数に着目して考えることが大切となり，異分母分数の場合は，**通分**が必要となる。ただし，機械的に通分するのではなく，単位分数に帰着させる意識からの通分の指導が必要となる。

　また，帯分数で行う際には，**繰り上がり**と**繰り下がり**が大切となる。あわせて，数学では簡潔性が求められるため児童が**約分**をして**既約分数**で答えを表現できることが大切である（なお，条件がつかない場合は，基本的には数学としては約分をしていなくても正解であるので注意が必要である。このことは，小数点や小数点以下の末位の 0 の消去の場合なども同様である）。

　乗法に関しては，通分の必要はないが約分の考えが大切となってくる。課題となるのが除法である。除法は除数が分数の場合に分母と分子を入れ替えて乗数として計算を行うことになる。したがって計算技術としては乗法のものと同

じでよいが，その入れ替える意味が大切となる（意味づけは後述）。この際，**単位分数，逆数**の扱いが大切となる。計算規則としては，小数の法則と同様，交換，結合，分配法則の指導が必要である。

(3) 数（整数，小数，分数）や文字を含んだ式表現，式の読取り，式計算（変形）を理解すること

児童が日常的な場面から式表現すること，また式から日常的な場面を読み取ることは整数，小数，分数のいずれの学習段階でも必要となる。

また，プレースホルダー（□，△など）や一般的な文字（x, y, z など）を利用して式表現することや，プレースホルダーや文字の意味を理解することから，そこに当てはまる数値を算出できることが重要となる。その際，文字には**可変性**（文字にはどのような数でも入ること），**不変性**（同じ文字には同じ数しか入らないこと）の性質があることや，**定数，未知数，変数**の意味があることの理解が大切となる。これらの理解をもととして，関数式（関数の関係を表す式）や方程式を立式すること，その逆ができることが大切である。さらに，数値算出には等式変形の理解も重要となる。なお，**式**には一般的に，関係記号（等号，不等号）を含まない**フレーズ型**と，関係記号を含む**センテンス型**があることを指導者は理解しておく必要がある。

(4) 実際問題への応用，活用ができること

数と計算の指導では，実際問題への応用を意識して取り組ませる必要がある。とりわけ，児童の日常に近い内容を取り上げ，児童がそれらの問題を解決する中から，数の意味や計算の意味づけをすることが望ましい。**一般的な日常の問題ではなく児童の日常の問題**を意識することが大切である。児童に身近な文章問題を作成させ，授業に**電卓・パソコン，公式集**を持ち込んでもよい場面をつくることも大切となる。今後小学校でも，**数学的モデリング**等の日常との関わりを意識した授業が導入されることが望まれる。また，日頃から高度な数学を体験できる環境を学校内で設定しておくことも大切である。

以上，算数の授業では，指導者の思い込みによるマイナールール（数学に則らない内容）の指導（その多くは形式的，技術的な指導）が多くみられる。とくに

大学での「数学」を学んでいない（数学の学問構造にふれていない）という指導者は，指導する内容をしっかりと調べなおし，数学と児童の認識段階に則った指導を行うことが望まれる。

（3）「数と計算」領域の内容

新学習指導要領に記されている「数と計算」の各学年の内容を基準として，数と計算学習の効果的な授業展開をするためには，現在の児童の認識や不足している知識が必要となる。そうした理解の素地となる学習内容を含めたものが表5-1である。

表5-1　「数と計算」の新学習指導要領の主な内容とさらに扱いたい内容

学　年	数	計　算	式
1学年	・数の構成と表し方（集合数，順序数，大小，数直線，2位数の表し方など）	・加法・減法（意味，1位数の加法と減法など）	・加法・減法の式
2学年	・数の構成と表し方（4位数までの十進位取り記数法，簡単な分数など）	・加法・減法（2位数の加法と減法，性質，相互関係など） ・乗法（意味，性質，乗法九九，1位数の乗法など）	・乗法の式
1・2学年でさらに扱いたい内容	・整数の性質 ・2〜4桁数（億程度） ・位（億程度）と桁 ・十進構造とN進数 ・日常生活や「数学の世界」での応用	・加法・減法の性質 ・4桁数までの加法・減法 ・2桁数×1桁数 ・1桁数÷1桁数 ・日常生活や「数学の世界」での応用	・式の意味（表現，読み） ・（ ）や□，文字を使った式 ・文字の意味（可変性） ・日常生活や「数学の世界」での応用
3学年	・数の表し方（万の単位，10，100，1000 倍，1/10など） ・小数（意味と表し方など） ・分数（意味と表し方など）	・加法・減法（3位数や4位数の加法・減法など） ・乗法（2位数や3位数に1位数や2位数をかける乗法，性質など） ・除法（意味，除法と乗法，減法の関係，除数と商が1位数の場合の除法の計算など） ・小数（1/10位までの加法，減法など） ・分数（簡単な場合の分数の加法・減法など）	・除法の式 ・□を用いた式

第5章　数と計算

4学年	• 整数の表し方（億，兆の単位など） • 概数と四捨五入（概数が用いられる場合，四捨五入，四則計算の結果の見積りなど） • 小数の仕組み（小数を用いた倍，小数と数の相対的な大きさなど）	• 整数の除法（除法が1位数や2位数で被除数が2位数や3位数の除法，被除数，除数，商及び余りの間の関係，性質など） • 小数の計算（加法・減法，乗数や除数が整数の乗法・除法など） • 同分母の分数の加法・減法（等しい分数，加法・減法など） • 四則の性質	• 数量の関係を表す式（四則を混合した式や（　）を用いた式，公式，□，△などを用いた式など）
3・4学年でさらに扱いたい内容	• 位（京や垓など） • 小数（1/100位程度まで） • 小数，分数の性質 • 整数，小数，分数の相互関係 • 偶数，奇数 • 約数，倍数 • 素数 • 日常生活や「数学の世界」での応用	• 乗法・除法の意味，性質 • 四則混合計算の規則 • 3桁数×3桁数 • 3桁数÷2桁数 • 1/100位までの加法・減法 • 乗法・除法の意味の拡大 • 1/100位までの乗法・除法 • 小数計算における性質 • 日常生活や「数学の世界」での応用	• 文字の意味（不変性） • 四則混合式，乗除先行 • □，△（2文字）を使った式 • 日常生活や「数学の世界」での応用
5学年	• 整数の性質（偶数・奇数，約数，倍数など） • 整数，小数の記数法（10倍，100倍，1000倍，1/10，1/100などの大きさなど） • 分数の意味と表し方（分数と整数，小数の関係，分数の相等と大小など）	• 小数の乗法，除法（乗法，除法の意味，計算，性質など） • 分数の加法・減法（異分母の分数の加法・減法など）	• 数量の関係を表す式
6学年		• 分数の乗法・除法（意味，性質，計算など）	• 文字を用いた式
5・6学年でさらに扱いたい内容	• 負の整数 • 素因数分解 • N進法 • 日常生活や「数学の世界」での応用	• 負の数の加法・減法 • 分数計算における性質 • 日常生活や「数学の世界」での応用	• 式の意味（等式） • 等式変形 • 文字式 • 方程式 • 関数式（数量関係を表す式） • 日常生活や「数学の世界」での応用

2 「数と計算」領域の指導の実際

（1）数の分解・合成の指導

(1) 数の分解・合成の指導の問題点

　現在の学校教育の教科書での，**数の分解・合成の学習**は，児童がタイルやブロックなどを使って，順に一列にならべて学習することが多い。この場合，児童は実際に数えれば答えはわかり，また単に数字を並べれば答えがわかることが多く，これでは，集合数としての数の理解や，直観的な理解にはつながらない。その結果，その後の繰り上がり，繰り下がりの加減法で，実際に数えてしか計算ができなくなり，この段階でつまずきが始まることになる。そのため児童の学習実態に応じた丁寧な指導が望まれる。

(2) 数の分解・合成の指導の要点

　数は集合数的に捉えさせる必要がある。たとえば，児童は 4 個の要素がどのように並んでいても， 4 であることの理解が必要なのである。諸説はあるが，3 程度までは直観的に数はわかるといわれており，それをもとに経験させる指導が必要となる。なお，こうした現在の指導はかつての**数え主義**か**直観主義**か，といった歴史的な争いが背景にあり，その内容を含めて教員は理解して指導することが大切である（教員が試みようとする指導の多くは，すでに実践されて結果がでているため，数学教育史や先行研究などを十分に調べる必要がある）。数を集合数的にそして直観的に捉えるためには，**数の分解・合成器**などの教具（学習具）による指導が有効である。たとえば，チョコレートの箱（引出し型）などを利用し，チョコレートが入る引出しの底面部分に仕切り板を（ちょうど真ん中あたりに）つけ，集合の元として球体に近いラムネを必要な個数（たとえば 10 の分解であれば10個）準備する（図 5 - 11）。なお，この時期の児童は，自分でつくったものこそ「自分の大切なもの」という意識が強く，つくったものに愛着をもつため，一人 1 つずつ作成させることが大切である。

第5章　数と計算

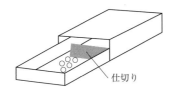
仕切り

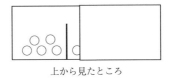
上から見たところ

図5-11　数の分解・合成器

月　日　年　組　名前	数の分解・合成器（ラムネの箱）とワークシートの使い方
□のぶんかい □ は □ と □ にわかれます □ は □ と □ にわかれます □ は □ と □ にわかれます □ は □ と □ にわかれます □ は □ と □ にわかれます □ は □ と □ にわかれます □ は □ と □ にわかれます	① 全体個数のラムネを入れる〈たとえば10個〉〈ワークシートの「□のぶんかい」および「□は…」の全部の□に10を記入する〉 ② 学習具を左右に振る〈振ってもラムネが飛び出ないように作成させる〉 ③ 右か左に引出しを半分ほど引き出す〈右の場合は右の□，左の場合は左の□に見える数を記入する〉 ④ 隠れたほうの数を念頭で考える〈考えた数を逆の□に記入する〉 ⑤ 引出しを引き出して確かめる〈自分が記入した数のマル付けをする〉 ⑥ 次の数（10）の分解にうつるという手順である。この学習具の利点としては， 　①数がランダムに出てくる 　②「□は○と△によってできている」という○も△もどちらでも出題可能 　③集合数を必ず念頭で考えることになる 　④出題も答合わせも自分一人でできる 　⑤ゲーム感覚でできるので飽きない などである。

図5-12　ワークシート

(3) 数の分解・合成指導の実際

　この学習の際，図5-12のようなワークシートおよび，「数の分解・合成器（ラムネの箱）とワークシートの使い方」のように使用をする。

　実際，児童は授業時間1時間いっぱいを楽しんで行っている。それだけではなく，家にまで持ち帰って率先して自分で学習を行う児童も多い。また，たとえば3の段を習えば，他の段はまったく同じ手法であるので，児童が進んで取り組むことになる。なお，児童が「10は4と□に分かれます」の□の数が反

射的に答えることができるくらい，完全に体得させることが望まれる。

（2） 分数の除法の指導

「分数の割り算は（除数を）なぜひっくり返してかけるの？」という児童からの質問は容易に想定できる。児童にとって分数の除法の意味の理解が困難であるのは周知の事実である。しかし児童がテクニックでその計算はできてしまうため，あまり問題視されないのが現実ともいえる。

(1) 分数の除法指導の問題点

現在の学校教育の教科書では，分数の除法の計算については量を利用して意味づけるために面積図を利用する場合と，数式の変形を利用する（数式による説明）場合が多い。しかし，いずれも児童にはわかりやすいとはいいがたく，結果的に児童の素朴な「なぜひっくり返してかけるのか」の疑問には答えることになっていないと考えられる。

(2) 分数の除法の学習の目標

分数の除法の計算規則がどのように成立している（なぜ成り立つ）のかを理解（証明・説明）させることが目標のひとつとなる。

(3) 分数の除法の学習の実際

次頁に実際の具体的な方策を述べる（横地，2006 に詳しい）。

この時期の児童の認識の発達段階（抽象思考への移行段階）や数学の系統段階を考えれば，分数の除法の計算規則の学習では，上述のような数学の基本的な構造である①「定義をはっきりさせる」②「規則（性質）をはっきりさせる」③「次々にでる規則が，それ以前に出てきた定義や規則から，どのような理由で生まれたかがわかるように示す」という，抽象的な一連の流れの中で理解をさせることが効果的である。

第5章　数と計算

①定義1　分子が1の分数を単位分数という

②規則1：$\dfrac{a}{b} \times c = \dfrac{a \times c}{b}$

（分数に整数 c をかけると，分母はそのままで分子が c 倍される）

③規則2：$\dfrac{a}{b} \times \dfrac{1}{c} = \dfrac{a}{b \times c}$

（分数に単位分数 $\dfrac{1}{c}$ をかけると，分子はそのままで分母が c 倍される）

④規則3：$\dfrac{a}{b} \times \dfrac{c}{d} = \dfrac{a \times c}{b \times d}$

（分数 $\dfrac{a}{b}$ に分数 $\dfrac{c}{d}$ をかけると，分母は d 倍，分子は c 倍となる）

⑤定義2　分数 $\dfrac{a}{b}$ の逆数とは，分数 $\dfrac{a}{b}$ の分母と分子を入れ替えた分数 $\dfrac{b}{a}$ である

⑥規則4：$\dfrac{a}{b} \times \dfrac{b}{a} = 1$

（分数にその分数の逆数をかけると答えは1となる）

⑦規則5：$\dfrac{a}{b} \times \dfrac{c}{d} \times \dfrac{e}{f} = \dfrac{a \times c \times e}{b \times d \times f}$

（分数を続けてかけると，分母はもとの分数の積となり，分子はもとの分子の積となる）

⑧規則6：$\dfrac{a}{b} \times \dfrac{c}{d} \times \dfrac{d}{c} = \dfrac{a}{b}$

（分数 $\dfrac{a}{b}$ に，ある分数 $\dfrac{c}{d}$ と分数 $\dfrac{c}{d}$ の逆数の3つの分数を続けてかけると，積は元の分数 $\dfrac{a}{b}$ となる）

⑨規則7：2つの分数 $\dfrac{a}{b}$, $\dfrac{c}{d}$ があるとき，$\dfrac{a}{b} = \square \times \dfrac{c}{d}$ ならば，$\square$ は $\dfrac{a}{b}$ と $\dfrac{c}{d}$ の逆数をかけた分数となる

⑩定義3　$\dfrac{a}{b} \div \dfrac{c}{d} = \square \longrightarrow \square \times \dfrac{c}{d} = \dfrac{a}{b}$

（整数や小数では，$a \div b$ とは，a が「ある数」の b 倍となっている，「ある数」を求めることである。a, b が分数であっても，$a \div b$ とは a がある「分数」の b 倍となっている，その「分数」を求めることである）

⑪規則8：$\dfrac{a}{b} \div \dfrac{c}{d} = \dfrac{a}{b} \times \dfrac{d}{c}$

〔定義3と規則7より，x, y が分数の時 $x \div y = x \times$（y の逆数）となる〕

たとえば，$\dfrac{5}{3} \div \dfrac{7}{4} = \square$ は，$\square \times \dfrac{7}{4} = \dfrac{5}{3}$ となる $\square$ を求めることとなる

そこで，$\square \times \dfrac{7}{4} \times \dfrac{4}{7} = \dfrac{5}{3} \times \dfrac{4}{7}$ とすれば，$\square = \dfrac{5}{3} \times \dfrac{4}{7}$ である

すなわち，$\dfrac{5}{3} \div \dfrac{7}{4} = \dfrac{5}{3} \times \dfrac{4}{7}$ となる

[付記]

　本章は，渡邉伸樹（2010）「数と計算」黒田恭史編著『初等算数科教育法——新しい算数科の授業をつくる』ミネルヴァ書房，48〜71頁をもとに修正を行ったものである。

引用・参考文献

藤井克澄（2005）「10までの分解・合成」横地清監修，守屋誠司・渡邉伸樹編著『検定外・学力をつける算数教科書』第1巻　第1学年編，明治図書，20〜33頁。

黒田恭史・岡本尚子（2011）「数・代数」黒田恭史編著『数学教育の基礎』ミネルヴァ書房，10〜39頁。

横地清（2006）『教師は算数授業で勝負する』明治図書，111〜114頁。

渡邉伸樹（2005）「位取りの原理とバラ数」横地清監修，守屋誠司・渡邉伸樹編著『検定外・学力をつける算数教科書』第1巻　第1学年編，明治図書，34〜55頁。

- 学習の課題 -

(1)　「数と計算」領域の指導における問題点（児童の誤答傾向）を列挙し，その具体的な打開の方法について提案しなさい。

(2)　「数と計算」指導の目標と内容を整理し，学年間の関連づけを行うとともに，学年進行に伴う数と計算の捉え方の変化について説明しなさい。

(3)　先の第2節に示された以外の「数と計算」の単元を1つ取り上げ，その指導の実際について，（1），（2）項と同様の形式で記述しなさい。

【さらに学びたい人のための図書】

黒田恭史・岡本尚子（2011）『数・代数』黒田恭史編著「数学教育の基礎」ミネルヴァ書房，10〜39頁。
　　⇨小学校の「数」教育の背景にある数学の「数」について詳しく書かれている。実際の算数科の指導では，背景の数学の理解が大切であるため，本書と併せて読むことが望ましい。

守屋誠司（2011）『数と計算1』，守屋誠司編著「小学校指導法　算数」玉川大学出版部，77〜96頁。
　　⇨小学校の「数」教育の重要な点について詳しく書かれている。算数科の指導では，様々な視点の理解が大切となるため，本書と併せて読むことが望ましい。

（口分田政史，渡邉伸樹）

第6章 図　形

この章で学ぶこと

　本章では，「図形」の領域を対象に，第１節では指導上の今日的課題について，第２節では目標，内容について，第３節では指導の具体的な展開について論じることにする。これまでの学習指導要領では，図形の角度，図形の面積，体積などの内容は，「量と測定」の領域で扱っていたが，新学習指導要領から「図形」の領域で扱うこととなった。

1　「図形」指導の今日的課題

（1）平面図形の辺の長さに関する誤答

　平面図形の長さに関する問題は，2015年度全国学力・学習状況調査の算数Ｂの③の（1）にあり，辺の長さに関する問題については，正答率が約33％と低い（次頁，図6-1）。

　解答は，「あさ子さんが8ｍ」，「たかしさんが16ｍ」となる。それほど複雑な問題ではないが，こうした現実事象の中で考える問題では，正答率が低い傾向にある。

（2）平面図形の面積に関する誤答

　平面図形の面積に関する問題は，2015年度同調査の算数Ｂの⑤の（1）にあり，対角線と面積に関する記述問題については，正答率が約13％と非常に低い（次頁，図6-2）。

　解答の一例としては，「アとイの面積は等しく，ウとエの面積も等しいです。オは，アとウを合わせた図形で，カは，イとエを合わせた図形です。同じ面積の

次に，正三角形を下の図のように巻き尺でつくります。
　先生は，巻き尺の「0 m」のところと「24 m」のところを持って，円の中心に当てました。
そして，あさ子さんとたかしさんに，「まわりの長さが24 mの正三角形になるように巻き尺を持ってください。」と言いました。

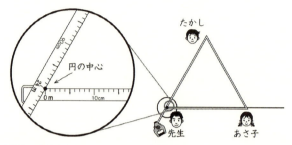

（1）　あさ子さんとたかしさんは，それぞれ巻き尺の何mのところを持てばよいですか。
　　　答えを書きましょう。

図 6-1　平面図形の長さに関する問題

（1）　図1のような2つの長方形を組み合わせた図形の面積を2等分します。
　　　まず，図2のように，2つの長方形について対角線が交わる点をそれぞれ見つけます。

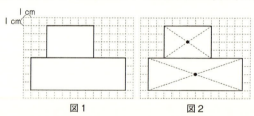

次に，図3のように，2つの点を通る直線を引きます。すると，2つの長方形を組み合わせた図形は，図4のように，オとカに分けることができます。

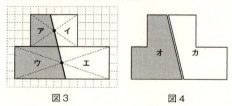

このようにすると，オとカの面積は等しくなります。なぜ，オとカの面積が等しくなるのですか。
　そのわけを，言葉や数，アからカまでの記号を使って書きましょう。

図 6-2　対角線と面積に関する記述問題

第6章　図　形

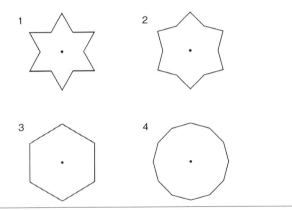

図6-3　平面図形の構成を選択する問題

図形を合わせているので、オとカの面積は等しくなります」となる。面積計算はできても、こうした論理的な記述を伴った問題では、正答率が低い傾向にある。

(3) 平面図形の構成に関する誤答

　平面図形の構成に関する問題は、2016年度同調査の算数Bの5の(2)にあり、正しい構成を選択する問題については、正答率が約25％と低い（図6-3）。
　解答は、「3」となる。平面図形の構成のように、平面図形を正確に組み合わせて考える必要のある問題では、正答率が低い傾向にある。

77

2 　「図形」領域の目標と教育内容

（1）「図形」領域の目標

　「図形」領域の指導では，各種図形の特徴とその構成要素の理解と，公式を用いて面積・体積などを数値化することのできる力が求められる。上述の全国学力・学習状況調査の結果も踏まえ，児童に身につけさせたい能力は，次の5つにまとめることができる。

① 各種平面図形・立体図形の定義や性質と，図形の構成要素について理解する（図形の性質）

② 実在の図形から長さや角度を正確に測定し，公式を用いて面積，体積を求めることができる（図形の計量）

③ 平面図形，立体図形のおかれた平面や空間自体の特徴について理解する（図形の位置する空間）

④ 複数の図形間の位置関係や，図形を変換（移動）させる方法（平行，対称，回転，拡大，縮小など）について理解する（図形の変換）

⑤ 各種の図形や図形間において成り立つ法則を，論理的に記述する方法について理解する（図形の論証）

（2）「図形」の教育内容

　新学習指導要領に記されている「図形」の各学年の教育内容を，「図形の概念の理解」「図形の構成」「図形の計量」「図形の性質と日常生活」に分けて整理したものが表6-1である。これを基準として，図形の学習がより効果的に，また各種の図形の特徴を正確に理解できるように授業を展開するためには，学年間の縦のつながりと，内容間の横のつながりを踏まえて指導する必要がある。

第6章 図 形

表6-1 「図形」の各学年の主な内容

学 年	図形の概念の理解	図形の構成	図形の計量	図形の性質と日常生活
第1学年	• 形の特徴	• 形作り • 分解		• 形 • ものの位置
第2学年	• 三角形，四角形，正方形，長方形，直角三角形 • 箱の形	• 三角形，四角形，正方形，長方形，直角三角形 • 箱の形		• 正方形，長方形，直角三角形
第3学年	• 二等辺三角形，正三角形 • 円，球	• 二等辺三角形，正三角形 • 円，球		• 二等辺三角形，正三角形 • 円，球
第4学年	• 平行四辺形，ひし形，台形 • 立方体，直方体	• 平行四辺形，ひし形，台形 • 直方体の見取図，展開図	• 角の大きさ • 正方形，長方形の求積	• 平行四辺形，ひし形，台形 • 立方体，直方体 • ものの位置の表し方
第5学年	• 多角形，正多角形 • 三角形の三つの角，四角形の四つの角の大きさの和 • 直径と円周との関係 • 角柱，円柱	• 正多角形 • 合同な図形 • 柱体の見取図，展開図	• 三角形，平行四辺形，ひし形，台形の求積 • 立方体，直方体の求積	• 正多角形 • 角柱，円柱
第6学年	• 対称な図形	• 対称な図形 • 縮図や拡大図	• 円の求積 • 角柱，円柱の求積	• 対称な図形 • 縮図や拡大図による測量 • 概形とおよその面積

出典：文部科学省（2017）。

（3）「図形の性質」指導の目標

平面図形の代表的なものとしては，三角形，四角形があり，三角形の中にも，正三角形，二等辺三角形，直角三角形，直角二等辺三角形などがあり，四角形の中にも，正方形，長方形，平行四辺形，台形，ひし形などがある。こうした図形のそれぞれの定義について正確に指導するとともに，図形の定義と成り立つ特徴（定理）の違いについても理解させる必要がある。また，図形間の関係について，三角形の場合は図6-4（次頁）のような包含関係，四角形の場合は図6-5（次頁）のような包含関係を用いながら整理して捉えさせる必要がある。

多角形については，その定義と辺や頂点に関する特徴について理解させるとともに，三角形や四角形に分割して考えることで，面積や内角の角度の和など

79

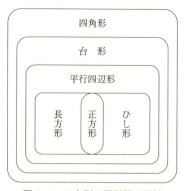

図 6-4　三角形の図形間の関係　　　図 6-5　四角形の図形間の関係

を導き出すことができることを，実際の作業を通して理解させる必要がある。また円は，直線ではなく，曲線で囲まれた図形であり，頂点がない図形であることから，その特徴については，他の図形との対比の中で明確化する必要がある。

　続いて，立体図形の代表的なものとしては，立方体，直方体，角柱，円柱，球などがある。立体図形の学習では，立体図形の定義，その構成要素，表面積，体積などを取り上げる。低学年段階では，中身の詰まった剛体としての立体を用いることで，平面図形との違いを明確化することが大切である（図6-6）。そして，中学年段階以降では，徐々に展開図としての立体図形を取り上げていくようにする（図6-7）。こうした学習は，立体図形の一部分としての平面図形を捉えさせることにつながり，平面図形と立体図形の相互の関係を考える活動に発展させるようにする。

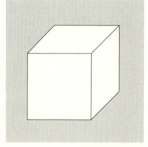
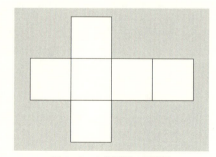

図 6-6　中身の詰まった立体図形　　　図 6-7　立体図形の展開図

第6章 図 形

(4)「図形の計量」指導の目標

　各種図形は，辺，面，頂点，角によって構成されており，各図形の特徴は，辺・面・頂点の数，辺の長さ，面の面積，角の大きさ，立体の体積によって決定される。したがって，図形の計量の指導においては，単に数値化するというだけでなく，辺の長さや角の大きさが，図形の形を決定づける重要な要素であることを意識させることが重要である。

　最初に辺の長さであるが，長さは第2学年の「測定」の領域において扱われており，その学習を基礎に，辺の長さを正確に測定することができなくてはならない。とりわけ，図形の各辺は水平でない状態のものも多く，正しく定規を用いて測定する技能が求められる。

　次に，角度についてであるが，最初に角を正確に定義しておくことが重要である。角とは，「1点から伸びた2つの半直線によってできる図形」と定義できる。このように定義したうえで，角度の指導において重要なことは，角には図形の内側の角（内角）と外側の角があること，辺の長さの長短によって角度が変わるのではなく，辺のつながり具合によって角度の大きさが変化することである（図6-8）。そして，一般的に図形の角度の場合は，内角を指すことなどを理解させる必要がある。また，外側の角と外角とは異なることも注意しておく必要がある（図6-9）。

　角度の測定には分度器を用いるが，正確に角度を測定するためには，適切な手順を指導することが欠かせない。図6-10は，角度測定の手順を示したもの

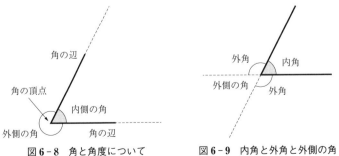

図6-8　角と角度について　　　　図6-9　内角と外角と外側の角

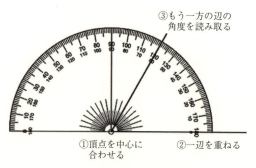

図 6-10　角度の求め方

である。まず，

① 角の頂点を分度器の中心に合わせる
② いずれかの一辺を 0°となる分度器の部分と重ねる
③ もう一方の辺が示す角度を読み取る

　図 6-10 では，60°と 120°となるが，求めるべき図形の角に該当する角度のほうを選択する。
　図形の面積について重要なことは，面積が「二次元」の広がりについての量であるということを理解させることである。「一次元」の広がりである「長さ」と，「二次元」の広がりである「面積」の違いは，たとえば，150 cm がどの程度の長さであるかは容易に想像できるのに対して，150 cm^2 がどの程度の面積であるかは 15 cm × 10 cm というように乗法に移し替えてみてようやくイメージがつかめるということにある。「二次元」の広がりは捉えにくいため，面積公式の扱いや，1 m^2 = 10,000 cm^2 に換算するといった単位換算の扱いに止めず，広がりとは何かということが実感できるような活動を取り入れる必要がある。
　あわせて，閉じた図形（単純閉曲線）と閉じていない図形という考えも意識させたい。線で囲まれた図形と一部が開いた状態になっている図形の場合，前者は面積を求めることができるが，後者は内部と外部の区別ができないために，面積を求めることができない。こうした違いも活動を通して意識させることが重要である。そして，平面は線で囲まれた内部と外部，そして線自体がつくる

境界の3つに区分できることにまで展開したい。最終的には，境界が面積を決定し，面積は針金のフレームのように，中が空洞で外枠だけのものにも存在することを教えなくてはならないからである。

　さらに，面積指導の導入段階では，面積を測定するのに，1辺の長さが1 cmで面積が1 cm^{2}の正方形を用いて1 cm^{2}が何個入る大きさかという扱いから入るが，途中段階から（縦の長さ）×（横の長さ）という扱いに転換していく必要がある。150 cm^{2}を例にすると，1 cm^2 × 15個 × 10個から，15 cm × 10 cmというように，面積とは縦と横の長さの乗法によって求めることができる量であるという考えに至る指導が行われなければならない。

　面積公式としては，三角形，四角形，円などを取り上げるが，これら以外の多角形や，曲線図形などの不定形にも面積があることも同時に扱う必要がある。面積公式で学んだ図形を組み合わせて求めたり，方眼状の用紙に写し取り，面積の下限と上限で挟み込むという方法で面積の近似値を求める活動も重要である。さらに，方眼の升目の大きさを小さくすることでより挟み込みの精度が高まることも理解させたい。

　体積もまた，児童にとって身近な量のひとつである。しかし，この量の意味を正確に理解させることは，面積以上に難しい。体積は三次元の広がりであるため，3方向へ広がっていく量であるという感覚や，3つの異なる方向の長さによって量の大きさを求めることができるということを理解させなくてはならない。たとえば，1 m^3 = 1,000,000 cm^{3}といった単位換算の感覚は，大人であっても実感の伴わないものであることから，こうした数値の変換だけに授業内容が特化することは好ましくない。

（5）「図形の位置する空間」指導の目標

　個々の具体的な図形は，対象物が明確であるために，児童にとってはイメージしやすい内容であるが，それらの位置する平面や空間自体を対象とすることはイメージをつかみにくい内容といえる。したがって，平面座標，空間座標などの基礎的な空間に関する内容とともに，図形の学習全体を通して，平面や空

間を理解することができるような扱いが重要である。

たとえば，平面図形の内側，境界，外側といった図形の内外を区別する活動において，図形の外側とは，平面自体を意味することを意識させる必要がある。また，次に取り上げる「図形の変換」は，この「図形の位置する空間」が土台となってはじめて成り立つ内容である。すなわち，同一平面内に置かれた2つの合同な図形は，いずれの状態であっても，平行移動，対称移動，回転移動を組み合わせることで重ね合わすことができるなどは，図形の位置する平面を前提にして議論がなされているため，移動だけに着目するのではなく，平面の存在を顕在化する指導が重要となる。

（6）「図形の変換」指導の目標

図形の変換（移動）では，図形の平行移動，対称移動，回転移動，拡大，縮小などが教育内容となる。平行移動，対称移動，回転移動は，第1学年の「いろいたならべ」の段階から始まるものであり，この時期は，各移動を「ずらす」「うらがえす」「まわす」という言葉で取り扱っており，正式に図形の移動自体を学習するものではないが，こうした活動を基礎に高学年での図形の移動の学習につなげていこうとする意図があることを踏まえておく必要がある。

高学年では，合同な図形の学習内容では，合同であることを数学的に検証するために，対応する角や辺を見つけ出す際に，図形を移動させるといった作業が取り入れられる。また，図形の移動自体を対象とした学習としては，対称移動（線対称）や回転移動（点対称）が取り上げられるが，対応する頂点や辺にアルファベットを付し，点Aや直線BCといった数学的に厳密な扱いが求められるため丁寧な指導が必要となる。さらに，拡大・縮小では，対応する点の角度が同一で対応する辺の比が一定であるなど，抽象的な考えと正確な記述方法が求められるため，指導にあたっては十分に留意する必要がある。

（7）「図形の論証」指導の目標

中学校段階では，図形の証明問題は，仮定，結論，証明といった形式のもと

第6章 図　形

で扱われる。小学校段階では，こうした形式的な扱いは行われないが，それでも高学年の合同な三角形の作図の学習では，作図活動を土台として，合同な条件を扱うこととなる。この際，作図活動とともに，「まず，長さ5cmの直線ABを引きます。次に，直線ABとの角度が60°となる長さ8cmの直線を引きその端を点Cとします」といった記述活動を取り入れることで，中学校での証明問題の学習につながっていく。フォーマルでない，こうした記述活動が，証明の学習の基礎になることに留意しながら，高学年の線対称，点対称，拡大，縮小の指導を行っていくことが重要である。

3 「図形」指導の実際

　小学校低学年で取り扱う「いろいろなかたち」の指導と，中学年で取り扱う「垂直・平行と四角形」の指導を具体的な事例として取り上げ，その実際について記すことにする。

（1）「いろいろなかたち」の指導の実際

　「いろいろなかたち」の指導は，小学校段階で初めて図形の学習をする内容である。児童にとって楽しい活動にするとともに，指導する側は，そこで扱われる算数の内容とその教育的意義，そして高学年の図形の学習にどのように関連するかを理解し，意図的な指導につなげていかないと，単なる遊びに終わってしまう。

　立体図形の分類において重要なことは，頂点，辺，面などの図形の構成要素に着目して，仲間分けをする活動を行い，児童の意識を立体図形の構成要素に向けさせることである。最初の段階では，頂点はとがったところ，辺はまっすぐに伸びた線，面は真っ平らな部分という認識から入る。そ

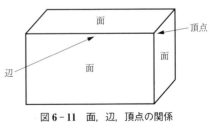

図6-11　面，辺，頂点の関係

85

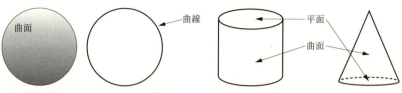

図6-12 球と曲面・円と曲線　　図6-13 円柱・円錐における平面と曲面

して，図形によって頂点，辺，面の数，長さ，つながり具合が異なることに目を向けさせるようにする。可能であれば，2つの面が交差することによって辺ができることや，3つ以上の面が交差することによって頂点ができることを感覚的に捉えさせることは，今後の図形学習につながるといえる（前頁，図6-11）。

　立体図形の分類指導において注意すべき図形は，球と円である。球も円も児童の日常場面に多数存在し，球状のボールなどは，幼児の段階から慣れ親しんできたものである。その一方で，球や円の図形的特徴を意識化させることは容易ではない。他の立体図形のように頂点，辺，平面で構成されておらず，球の場合は曲面で囲まれた図形であり，円の場合は曲線で閉じた図形であること，また曲面や曲線の曲がり具合は，同一図形内ではどの箇所を取り上げても一定であることなど，非常に抽象度の高い内容が含まれている（図6-12）。

　もう1つ注意すべき図形は，円柱や円錐である。これらの立体図形も，身の回りに数多く存在し，児童も慣れ親しんでいる図形であるといえる。その一方で，円柱や円錐の側面は曲面であり，底面は平面であるという，直方体などの性質と，球などの性質の双方をあわせもつ立体図形であるということである（図6-13）。

　立体図形の分類の指導に際しては，図形の構成要素に着目させながら，分類の根拠を低学年の児童なりの言葉で説明させることが重要である。こうした図形の性質を言葉の説明に置き換えるという学習が，小学校高学年や中学校での図形の論証指導につながる。同時に，児童の中から分類の観点が見出せない場合は，教師側から分類の観点を示すなどして，図形の着目すべき点をしっかりと指導する必要がある。

第6章 図　形

（2）「垂直・平行と四角形」の指導の実際

「垂直・平行と四角形」の指導は，第4学年の内容であるが，図形の概念の学習と複雑な作図などの技能を伴う作業が重なるため，苦手とする児童が少なくない内容である。

まず図形の概念の学習であるが，これまでは，図形に付随するかたちで図形の概念が扱われてきたものが，個々の図形を離れたかたちで概念自体を取り上げるようになった点に難しさが存在する。すなわち，三角形のある角を取り上げて，直角であるとか，鋭角（直角より小さい角），鈍角（直角より大きい角）といったように，図形に付随して特徴づける（図6-14）のではなく，垂直の場合であれば，三角形や四角形といった図形とは離れて，直線同士の位置関係のみによって決定される特徴である（図6-15）ためである。

次に，各種の作図の学習であるが，これまでは，ものさしや，コンパスを単独で用いて図形をかいてきたが，垂直や平行の作図の場合は，2つの三角定規を組み合わせて図形をかく場面が登場する。したがって，2つの三角定規を適切に操作したり，2つの定規を片手で押さえて線を引くといった高度な技能を必要とする作業が入ってくる。とりわけ，各作業の段階で双方の手に，どの程度の力を加える必要があるのかといった点は，丁寧な指導が必要である（次頁，図6-16）。

たとえば，1つの点Aと1本の直線⑦があって，点Aを通って，直線⑦に平

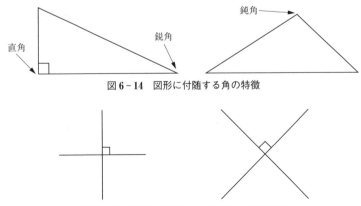

図6-14　図形に付随する角の特徴

図6-15　図形に付随しない概念としての垂直

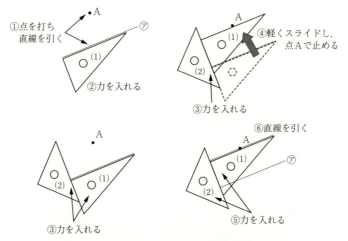

図6-16 平行線を引く際の三角定規の操作手順

行な直線をかく場面，2つの三角定規の使い方は以下の6つの手順に分けられる。

---
① まず，1つの点Aを打ち，1つの直線㋐を引く
② 三角定規(1)を直角の位置を考えながら直線㋐に正しく重ねて，右手でそれを強く押さえる
③ もう1つの三角定規(2)を三角定規(1)の直角のところに揃えて，左手で強く押さえる
④ 三角定規(1)の右手の力を抜いて点Aのところまでスライドさせる
⑤ 左手で三角定規(1)と三角定規(2)をしっかりと押さえて固定する
⑥ 右手で鉛筆を持って，三角定規(1)の線を軽くなぞる

こうした具体的な図形に付随しない図形の概念とその作図方法を学習することにより，学習可能な四角形の種類は一気に増加する。すなわち，平行線を自由に描くことができることによって，台形や平行四辺形の作図やその特徴を学習することができる。また，垂直の学習は，ひし形や正方形の対角線の学習につながっていくのである。

したがって，図形の学習では，各学年段階において，個別の図形の特徴の学習

第6章　図　形

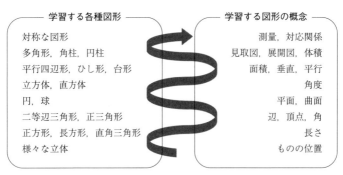

図6-17　学習する各種図形と学習する図形の概念

から始まり，図形に付随しない特徴の学習へと発展し，さらに新たな図形の学習へと反映していくといった相互作用のもとに進められているといえる（図6-17）。

引用・参考文献
文部科学省（2017）『小学校学習指導要領 解説 算数編』。

---学習の課題---
(1) 「図形」指導における児童の誤答傾向を列挙し，その要因について記述しなさい。
(2) 「図形」指導の目標と内容を整理し，学年間の関連づけを行って記述しなさい。
(3) 「図形」の単元を1つ取り上げ，その指導の要点について記述しなさい。

【さらに学びたい人のための図書】
黒田恭史（2017）『本当は大切だけど，誰も教えてくれない算数授業50のこと』明治図書。
　　⇨「図形」領域の要点と，各単元における指導のポイントについて，具体的な算数科の授業を想定しながら解説している。
横地清（2004）『小学生に幾何学を教えよう』明治図書。
　　⇨算数科の図形領域において，図形の性質などを指導されるだけでなく，制作活動を通して子どもに新たな発見や原理の獲得が可能となるような授業のあり方について具体的に提案している。

（黒田恭史）

第7章 測　定

この章で学ぶこと

　本章では，「測定」の領域を対象に，第1節では指導上の今日的課題について，第2節では目標，内容について，第3節では指導の具体的な展開について論じることにする。これまでの学習指導要領では，「量と測定」の領域として，第1学年から第6学年までにわたって内容配列がなされていたが，新学習指導要領において，第1学年から第3学年に限定された内容となった。したがって，これまで第4学年から第6学年で扱われていた「量と測定」の内容は，内容の種別に応じて他の領域で扱われているので注意が必要である。

1 「測定」指導の今日的課題

（1）長さに関する誤答

　長さに関する問題は，2014年度全国学力・学習状況調査の算数Bの⑤の(3)にあり，長さの割合に関する問題については，正答率が約33%と低い（図7-1）。

　解答の一例としては，「まず，妹の一あたの長さを求めるために，妹の身長

---

(3)　まことさんの発表を聞いて，なつきさんは妹のはしを買いに行こうと思いました。
　　　なつきさんは一あたの長さについてさらに調べ，下のことがわかりました。

> 一あたは，身長の約10%の長さです。

　　妹の身長は140cm です。
　　妹の身長と，左の使いやすいはしの長さのめやすをもとに，一あた半の長さを求めると，はしの長さは何cm になりますか。求め方を言葉や式を使って書きましょう。また，答えも書きましょう。

図7-1　長さの割合に関する問題

の10%の長さを計算します。140×0.1＝14で，約14cmになります。次に，妹のはしの長さを求めるために，妹の一あたの長さを1.5倍します。14×1.5＝21で，約21cmになります」となる。単純な長さの計算問題はできるものの，こうした割合の問題であったり，新たな長さの単位を導入するといった長さの概念に関する問題では，正答率が低い傾向にある（一あたは，親指と人差し指を広げて指先を結んだ長さで，使いやすいはしの長さのめやすは「一あた半」といわれている）。

（2）時刻と時間に関する誤答

時刻と時間に関する問題は，2014年度同調査の算数Bの③の(1)にあり，時刻と時間の加減に関する問題については，正答率が約39％と低い（図7-2）。

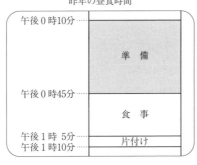

図7-2　時刻と時間の加減の問題

この問題の解答は，「27分間」である。計算としては，35－5－3＝27と非常に単純であるが，時刻特有の位取り構造によって間違いが多くなっていると予想される。

(3) 重さに関する誤答

重さに関する問題は、2012年度同調査の算数Bの4の(3)にあり、長さの問題と同様、重さの割合に関する問題については、正答率が約33%と低い（図7-3）。

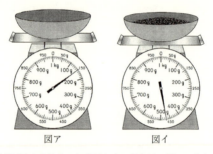

図7-3 重さの割合を解答する問題

解答の一例としては、「容器に米を入れた重さは470gで、容器の重さは150gだから、470-150=320で、米の重さは320gになります。水の重さは米の重さの1.5倍なので、320×1.5=480で、水の重さは480gになります」となる。この問題も、長さの問題同様に割合の問題であること、解決までに複数の手順を踏まなくてはならないことなどから、間違いが多くなっていると予想される。

第7章 測 定

2 「測定」領域の目標と教育内容

（1）「測定」領域の目標

「測定」領域の指導では，器具を用いた正確な測定技能と，数値化された量
の加減乗除の計算能力が求められる。上述の全国学力・学習状況調査の結果も
踏まえ，児童に身につけさせたい能力は，次の5つにまとめることができる。

①長さやかさのように，空間に存在するそれぞれの量の特徴と，相互の関
　連性について理解する
②重さや時間など，実際に目に見えないものの量の存在を理解する
③実在から量を正確に抽出（付随する要素を排除して量を捉える）し，各種の
　量に対応した測定器具を用いて，正確に量を測定する
④各種の量における加法性，不変性などの特徴を正確に理解し，計算する
⑤各種の量を活用して，具体物を設計・製作する

（2）「測定」の教育内容

新学習指導要領に記されている「測定」の各学年の教育内容を，「量の概念」
「量の単位」「単位の関係」「日常生活」に分けて整理したものが表7-1である。
これを基準として，量と測定の学習がより効果的に，また各種の量の特徴を正
確に理解できるように授業を展開するためには，学年間の縦のつながりと，内
容間の横のつながりを踏まえて指導する必要がある。

（3）「長さ」指導の目標

児童にとって，「長い」，「短い」という言葉や考えは，小学校段階以前から
身近なものとして活用してきている。こうした児童の生活経験の中で培われて
きた，「長さ」の考えの素地を生かしながら指導につなげていく必要がある。
たとえば，長さを比較したり長さを測定する際には，一方の端を正確に揃える

93

表7−1 「測定」の各学年の内容と留意点

学　年	量の概念	量　の　単　位	単位の関係	日常生活
第1学年	・長さの比較 ・広さの比較 ・かさの比較	・日常生活の中での時刻の読み		・長さ，面積，体積の直接比較など ・時刻の読み方
第2学年		・長さ，かさの単位（mm, cm, m 及び mL, dL, L） ・測定の意味の理解 ・適切な単位の選択 ・大きさの検討付け ・時間の単位（日，時，分）	・時間の単位間の関係の理解	・長さと体積の測定
第3学年	・重さの比較	・長さ，重さの単位（km 及び g, kg, t） ・測定の意味の理解 ・適切な単位や計算の選択とその表現 ・時間の単位（秒） ・時刻と時間	・長さ，重さ，かさの単位間の関係の総合的な考察	・目的に応じた適切な量の単位や計器を選択と数表現 ・時刻と時間

出典：文部科学省（2017）学習指導要領より抜粋。

必要があることや，二次元や三次元の事物から長さを正確に測定する技能を習得することなど，活動を通して1つずつおさえながら指導していく必要がある。

　また，斜めの状態に置かれた棒と水平の状態に置かれた棒の長さを比較する際には，斜め状態の棒を水平状態に移動させて測定することや，そのように移動させても長さは変化しないという「位置に対する不変性」を理解させる必要がある。加えて，直線の長さと，曲線の長さがあることもおさえなくてはならない。とくに糸の長さなど曲線の長さは，ピンと伸ばせば直線の長さとして測定することが可能であることや，そのように糸の形状を変化させても長さは変化しないという「形に対する不変性」についても理解させなくてはならない（次頁，図7−4）。

　ただし，長さは連続量であるため，こうした不変性を視覚的に確認することが困難な面がある。導入期には，分離量の事物を用いて，その不変性の根拠を確認させるなどの学習活動が必要となる。次頁の図7−5のように，クリップなどをつなぎ合わせたものを用意し，それらを斜めに置いたり，曲げておいたりしたものの長さを比較するという場面などは，クリップの個数を数えて長さを確認することができるために，有効な方法のひとつである。

第7章 測定

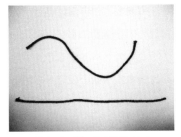
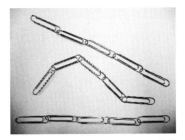

図7-4 様々な状態の長さ　　図7-5 クリップを用いた長さの比較

　一方，長さの加法による保存性や，順序の交換性が成り立つことについても，児童の活動を通して理解させておくようにしたい。たとえば，2本の異なる長さのひもをつなげば，そこに加法性が成り立つということは，案外見過ごされがちな事項である。また，a，bという異なる長さのひもがある場合，$a+b=b+a$といった交換性が成り立つことも併せて扱いたい。後に学習する「時刻と時間」では，（時刻）＋（時間）は可能でも，（時間）＋（時刻）は計算が不可能となり，交換性は成り立たないためである。こうした違いをしっかりと認識させ，各種の量の固有の性質を理解させることが大切である。

　また，長さは，同じ容器に水を入れた場合の高さ（長さ）の違いが容積の違いであるとか，バネばかりの伸び具合（長さ）の違いが重さの違いであるといったように，ほかの量を測定する際の基準の量ともなる。ほかの量の単位の基礎となっていることや，大小比較の際の基準となる役割面も意識させる必要がある。そして，長さの指導の最後の段階では，長さの考えを生かして，事物を設計・製作する活動などを取り入れるとよい。高学年になれば，長さはm（メートル）を基準として，その$\frac{1}{1000}$のmm，$\frac{1}{100}$のcm，そして1000倍のkmなどの単位があることを理解させる必要がある。

（4）「かさ」指導の目標

　かさもまた，児童にとって身近な量のひとつである。しかし，体積は三次元の広がりであるため，3方向へ広がっていく量であるという感覚や，3つの異なる方向の長さによって量の大きさを求めることができるということを理解さ

せることは容易ではない。ただし，いきなり3方向ともが自由に動けば，量の大小のイメージがつかめないので，最初は複数の同一容器に水を入れ，量の大小を液量の高さに対応させて考えさせるところからスタートするとよい。その後，様々な形の瓶などに入った液量の大小を比較する場面を設定し，同一の容器に移し替えて比較したり，容器のキャップに入る量の個数で比較したりして，単位の導入を図るようにする。形の不変性，位置の不変性，加法性なども確認しておくとよい。高学年になれば，かさはL（リットル）を基準として，その $\frac{1}{1000}$ の mL，$\frac{1}{10}$ の dL などの単位があることを理解させる必要がある。

（5）「時刻と時間」指導の目標

時刻と時間は，児童にとって身近なものであるにもかかわらず，目に見えない量であるため捉えることが難しい。したがって，時計の読みや計算指導だけに重点をおくのではなく，時間が「長い」「短い」という実感を養う指導が行われなくてはならない。たとえば，水道の蛇口から水を出して，鍋の水がいっぱいになるのと，風呂桶の水がいっぱいになるのとでは，どれぐらい時間の長さが違うのかなど，日常生活において時間を意識するようにしながら指導を行うようにする。また，太陽の動きが一日の時刻を決定することから，影の動きの観察や，日時計製作といった活動も欠かせない。その後，時計の読み指導に移るが，60進法や24進法の構造を理解することは非常に困難であるため，十分に時間をとって指導する必要がある。

時間は集合数であるのに対して，時刻は順序数であるため，時間の間には長短関係があるが，時刻の間には長短関係はない。2時間よりも3時間のほうが長いが，午前2時よりも午前3時のほうが長いというわけではない。

また，計算はさらに複雑になる。（時間）＋（時間）は計算可能で加法性や交換性が成り立つ。しかし，（時刻）＋（時間）は計算可能であるが，順序を逆にした（時間）＋（時刻）は計算不可能ということが起こる。また，（時刻）＋（時刻）も計算不可能である。減法においても様々な制約がかかるため，時間と時刻の計算では，指導する側も十分に内容を吟味しながら指導していく必要がある。

第7章 測 定

（6）「重さ」指導の目標

重さは，児童にとっては身近な量のひとつであるが，直観的・視覚的に判断できるものではない点に難しさがある。したがって，重さは体積とは独立した量概念であることを理解させることが重要となる。

小学校段階では，重力と質量の厳密な区分までは扱わないので，重さの測定には，ばねばかりや天秤など双方の器具を用いるが，ここでは重さをばねの伸び具合という「長さ」や，はかりの針の回転具合という「角度」，あるいは天秤の傾き具合という「角度」に置き換えていることにも配慮が必要である。

こうした測定方法の学習後，形の不変性や加法性も，実際の活動を通して扱うようにする。さらに応用として，水槽の中に様々な事物を入れた場合に，重さの加法性が保証されていることも，実験を通して扱っておくとよいであろう。その際，水槽に魚を入れる（水中に浮遊する），木を入れる（水面に浮く），鉄を入れる（水底に沈む），砂糖を入れる（水中に溶ける）といった場面を設定し，いずれも加法性が成り立つことを扱う。高学年になれば，重さは，g（グラム）を基準として，その1000倍の kg，kg の1000倍の t（トン）などの単位があることを理解させる必要がある。

3 「測定」指導の実際

小学校低学年で取り扱う「長さ」の指導と，中学年で取り扱う「重さ」の指導を具体的な事例として取り上げ，その実際について記すことにする。

（1）「長さ」指導の実際

小学校で最初に学習する「測定」の内容である「長さ」は，児童にとって身近な量であり，視覚的に捉えやすい量であるといえる。その一方で，実在から長さを正しく抽出する測定技法の習得や，長さ特有の量の特徴の理解など，「測定」領域の基本となる学習であることから，各児童の学習実態に応じた丁寧な指導が望まれる。以下では，第2学年での長さの指導の具体的な展開例に

97

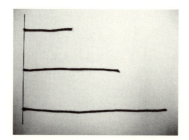
図7-6　ひもの長さの比較

図7-7　曲面上の長さ

ついて記すことにする。

　まず，事物から長さの抽出を行う。たとえば，縦横2つの異なる大きさの机を用意し，その大小を予想させる。そして，その大小を証明するために，ひもを与えて，様々な個所の長さを抽出させるようにする。ここで，重要なことは，事物には様々な個所に長さが存在することに気づかせるとともに，測定箇所の端点を正確に特定し，測定する必要があることを理解させることである。

　たとえば，ひもの長さを比較する方法を考えさせる。必ず，片方を揃える必要があることや，ひもが曲った状態では正確に比較することができないということを測定活動を通して理解させる（図7-6）。こうした比較の際のルールを十分に扱った後，今度は曲面の長さの抽出に取り組ませる。半径の異なる円筒の容器の円周の長さを比較するなどの活動を取り入れるとよい（図7-7）。

　ひもなどによる長さの測定作業が正確に行えるようになった後，単位の導入を行う。児童が物差しで扱えるcmから導入し，その後mm，mへと拡張していく。この測定場面においても，一端を揃えることや，ひもを直線状にすることなどを指導するようにする。長さは，重さや容積を求める際の基準にもなるため，測定方法を正確に教える必要がある。また，cmの目盛りと目盛りの間となる長さを取り上げ，長さが連続量であることも理解させたい（次頁，図7-8）。その後，高学年でkmへと単位を拡張していく。

　正確な長さの測定が可能になった後，長さの計算を扱う。ただし，これらの活動が，単なる計算練習に終わることがないようにしなくてはならない。すなわち，長さの計算が可能であるということの前提になる，長さには分割による

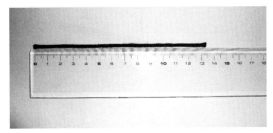

図7-8 cmの間の長さ

不変性が成り立つことを，児童が理解可能なように学習を展開する必要があるためである。

加法の導入にあたっては，あらかじめ5cmと3cmの長さのテープがあり，それらを併せる合併と，5cmのテープに3cmのテープを加える添加の双方を扱うようにする。

続いて，減法では，5cmのテープから3cmを切り取った残りを求める求残と，5cmと3cmのテープの差を求める求差の双方を扱うようにする。こうした問題を児童間で出し合い，加法性や分割による不変性を理解させるようにする。

（2）「重さ」の指導の実際

重さの学習は，第3学年で扱われるが，視覚的情報からでは正確な重さを推測することができない点に難しさがある。まず，非常に軽いものであってもすべての物には重さがあることを理解させる。続いて，重さには大小関係があることを扱う。ただし，重さは体積が大きいからといって，必ずしも重いわけではなく，体積が小さくても重いものもあれば，その逆に，大きくても軽いものもあることを天秤を用いて実感させる（次頁，図7-9）。

最近では，重さを測定する器具は，体重計にしても，調理用はかりにしても，ほとんどがデジタル表示なっているが，重さの指導に際しては，目盛りなどのスケールがついたアナログ形式のものを使用することが大切である。その理由は，重さを違う量に置き換えて，目に見える量にして考えることができること

図7-9　体積と重さの大きさが逆の場面

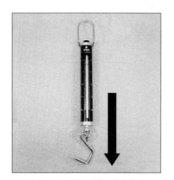

図7-10　ばねばかりの場合

図7-11　上皿自動ばかり

が児童の理解に役立つからである。

　ばねばかりは重さを長さに置き換え（図7-10），上皿自動ばかりは回転する針の角度に置き換え（図7-11）て重さを可視化しているのである。

　さらに，重さは，加法・減法ができる量であることと，粘土状の2つの塊をくっつけて，形が変わったとしても，重さは変わらないという性質をもっていることも扱う必要がある。

　重要なことは，重さは理科の実験などでも多用されるので，具体的な実験などを通じて学習を深めておくことである。

第 7 章　測　定

[付記]

　本章の一部は，黒田恭史編著（2010）『初等算数科教育法——新しい算数科の授業をつくる』「第 5 章 量と測定」ミネルヴァ書房（72〜91頁）をもとに，修正を行ったものである。

引用・参考文献

文部科学省（2017）『小学校学習指導要領 解説 算数編』。

（学習の課題）

(1)　「測定」指導における児童の誤答傾向を列挙し，その要因について記述しなさい。

(2)　「測定」指導の目標と内容を整理し，学年間の関連づけを行って記述しなさい。

(3)　「測定」の単元を 1 つ取り上げ，その指導の要点について記述しなさい。

【さらに学びたい人のための図書】

黒田恭史（2017）『本当は大切だけど，誰も教えてくれない算数授業 50 のこと』明治図書出版。

　⇨「測定」領域の要点と，各単元における指導のポイントについて，具体的な算数科の授業を想定しながら解説している。

（黒田恭史）

第8章 変化と関係

この章で学ぶこと

新学習指導要領では領域の再編が行われ，「C 変化と関係」領域が第4
〜6学年生に設定された。その内容は，「① 伴って変わる二つの数量の変
化や対応の特徴を考察すること」「② ある二つの数量の関係と別の二つの
数量の関係を比べること」「③ 二つの数量の関係の考察を日常生活に生か
すこと」の3つにまとめられている（文部科学省，2017b）。

本章では，この領域を対象に第1節では指導上の問題点，目標や内容に
ついて概観し，第2節では指導の具体的な展開について論じる。

1 「変化と関係」指導の今日的課題

新学習指導要領では，「C 測定（第1〜3学年）」「C 変化と関係（第4〜6学
年）」と，低学年，高学年で名称が異なる領域が設定されている。ここでは小
学校の第4学年以降に設定されている「C 変化と関係」について述べる。

この領域の内容は，働かせる数学的な見方・考え方に着目して次の3つに整
理されている（文部科学省，2017b）。

---

① 伴って変わる二つの数量の変化や対応の特徴を考察すること
② ある二つの数量の関係と別の二つの数量の関係を比べること
③ 二つの数量の関係の考察を日常生活に生かすこと

（1）「変化と関係」に関する誤答

2007年度から毎年実施されている全国学力・学習状況調査では，算数科の
「数量関係」（新学習指導要領では「変化と関係」の領域）において，次頁の図8-1
のような問題が出された。

第 8 章　変化と関係

1

１から９までの数が書かれたカードが１枚ずつあります。

1　2　3　4　5　6　7　8　9

この中から２枚のカードを選んで，次のような２けたのひき算の答えについて考えます。

カードを使った２けたのひき算

選んだ２枚のカードを並べて，２けたの整数を２つつくり，大きい数から小さい数をひきます。

例えば，1 と 9 を選んだ場合，1 9 と並べると 19 がつくれます。9 1 と並べると 91 がつくれます。

２けたのひき算の式　　91 － 19

２けたのひき算の答え　　72

選んだ２枚のカードに書かれた数どうしの差を，「カードの差」と呼ぶことにします。例えば，1 と 9 の２枚のカードの差は 8 です。

あやかさんは，カードの差が１，２，３の場合について，すべての選び方で２けたのひき算をしました。

カードの差が１の場合	カードの差が２の場合	カードの差が３の場合
21 － 12 = 9	31 － 13 = 18	41 － 14 = 27
32 － 23 = 9	42 － 24 = 18	52 － 25 = 27
43 － 34 = 9	53 － 35 = 18	63 － 36 = 27
54 － 45 = 9	64 － 46 = 18	74 － 47 = 27
65 － 56 = 9	75 － 57 = 18	85 － 58 = 27
76 － 67 = 9	86 － 68 = 18	96 － 69 = 27
87 － 78 = 9	97 － 79 = 18	
98 － 89 = 9		

あやか：カードの差が１，２，３の場合，２けたのひき算の答えは，それぞれ９，18，27 になっています。

(1) カードの差が４の場合の，２けたのひき算の式を１つ書きましょう。また，答えも書きましょう。

図 8-1　数量の関係の考察と一般化（2017）　その１

103

あやかさんは、カードの差が2や3の場合に、2けたのひき算の答えがそれぞれ18、27になることを、次のように図を使って考えました。

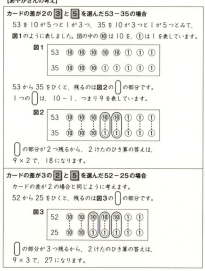

(2) カードの差が1の場合、2けたのひき算の答えが9になることを【あやかさんの考え】と同じように考えます。
　　4と5を選んだ54－45の場合では、どこが残りますか。
　　解答用紙の図に◯をかき入れましょう。

(3) そうたさんは、カードの差が1、2、3の場合の2けたのひき算の答えを下のようにまとめました。

そうた
カードの差が1の場合、2けたのひき算の答えは 9 です。
カードの差が2の場合、2けたのひき算の答えは18です。
カードの差が3の場合、2けたのひき算の答えは27です。
カードの差がわかれば、2けたのひき算の答えはかけ算で簡単に求めることができます。

そうたさんが言うように、カードの差を使って、2けたのひき算の答えをかけ算で簡単に求めることができるきまりがあります。
このきまりを、言葉と数を使って書きましょう。
そのとき、「カードの差」、「2けたのひき算の答え」の2つの言葉を使いましょう。

図8-1　数量の関係の考察と一般化（2017）　その2

第8章　変化と関係

　図8-1（103～104頁）の問題は，2017年度の調査の算数 B 1 である。ここで
はとくに設問(3)に着目することにする。この設問は，簡単な式で表されてい
る数量の関係について，2つの数量の対応や変わり方に着目できているかどう
かをみる問題である。この問題の正答率は38.8％である。ここでは，「カード
の差」が与えられたときに，「2けたの引き算の答え」が1つに定まるきまり
を書くことが求められている。問題に示された2つの数量の関係を一般化して
捉え，そのきまりを言葉と数を用いて記述することに課題があるといえる。こ
のことは伴って変わる2つの数量の関係を調べる学習では，まず伴って変わる
2つの数量が何かを意識させ，児童自らデータを集めて，それらを表にまとめ
る活動を充実させる必要があることを示している。いろいろな事象の数量の関
係に着目して捉え，伴って変わる数量の抽出をしっかりすることが重要だと考
えられる。

　この見方・考え方について「伴って変わる2つの変数 x, y があって，x の
値が決まると，それに対応して y の値がただ1つに決まるとき，y は x の関数
である」という中学校での関数の定義の理解につながることを考えると，この
段階でもしっかりと指導しておきたい。

　また，同じ2017年度の調査問題のB 5 として，次頁の図8-2の問題が出題
されている。設問(1)は，示された割合を解釈して，基準量と比較量の関係を
表している図を判断できるかどうかをみる問題である。正答の3と解答してい
るものは65.2％であり，課題があると考えられる。

　誤答としては，4と解答している児童が20.4％もいる。この児童らは割合と
量を混同し，目盛りの数を数えて14目盛りに着目して判断していると考えられ
る。「14％長い」ということを正しく捉えることができていないのである。割
合の意味を理解することについては，従前より課題があることが指摘され続け
ている。依然として残っている大きな課題だといえる。

　設問(2)は，身近なものに置き換えた基準量と割合をもとに，比較量に近い
ものを判断し，その判断の理由を言葉や式を用いて記述することを求めている。
正答例は107頁のとおりである。

105

5

月は，地球のまわりを回りながら，地球に近づいたり，はなれたりしています。月の大きさは実際には変わりませんが，月が地球に最も近づいたときに，最も大きく見え，地球から最もはなれたときに，最も小さく見えます。
地球から見える満月を円とみて，最も大きく見えるときの見かけの直径を「最大の満月の直径」，最も小さく見えるときの見かけの直径を「最小の満月の直径」ということにします。
「最大の満月の直径」と「最小の満月の直径」を比べたとき，「最小の満月の直径」をもとにすると，「最大の満月の直径」は約14％長いです。

最も小さく見えるとき　　最も大きく見えるとき
　（イメージ）　　　　　　（イメージ）

(1)「最小の満月の直径」を▨，「最大の満月の直径」を▥として，図に表します。
　「最小の満月の直径」をもとにして「最大の満月の直径」が14％長いことを表しているものを，下の1から4までの中から1つ選んで，その番号を書きましょう。

月の直径を，硬貨の直径に置きかえて考えます。
1円玉，100円玉，500円玉の直径は，それぞれ下のとおりです。

硬貨の種類とその直径

1円玉	100円玉	500円玉
20 mm	22.6 mm	26.5 mm

(2)「最小の満月の直径」を1円玉の直径としたときに，「最小の満月の直径」をもとにして14％長くなっている「最大の満月の直径」は，100円玉と500円玉のどちらの直径に近いですか。
　下の1と2から選んで，その番号を書きましょう。
　また，選んだ硬貨のほうが「最大の満月の直径」に近いと考えたわけを，言葉や式を使って書きましょう。

1　100円玉
2　500円玉

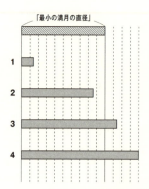

図8-2　日常生活の事象と数学的な解釈と判断の根拠の説明（2017）

第8章　変化と関係

> 最大の満月の直径は 20×1.14＝22.8 で 22.8mm です。
> 100円玉の直径との差は 22.8−22.6＝0.2 で，0.2mm です。
> 500円玉の直径との差は 26.5−22.8＝3.7 で，3.7mm です。
> 100円玉の直径との差の方が小さいので，100円玉の方が近いです。

　この設問(2)の正答率は13.5％であり，このことに大きな課題があることを示している。

　たとえば，誤答としては，1を選んではいるが，理由として次のように書いているものがある。

> 22.6−20＝2.6
> 26.5−20＝6.5
> 14％は小数に直すと 0.14 だから，2.6 の方が 0.14 に近いです。

　この児童は，「最小の満月の直径」を1円玉の直径としたときに，「最小の満月の直径」をもとにして14％長くなっているものが「最大の満月の直径」であることを捉えることができていない。そのため，硬貨の直径のみに着目して差を求め，その差と割合を比較している。

　また，2を選び，その理由を次のようにしている誤答がある。

> 20×0.14＝2.8
> 100円玉の直径を cm に直すと，2.26cm
> 500円玉の直径を cm に直すと，2.65cm
> だから，500円玉の方が近いです。

　このように解答した児童は，「14％長い」ということを，比較量が基準量の114％であるということとは捉えられず，基準量の14％を求めて比べていると考えられる。

　新学習指導要領では，領域の内容に「二つの数量の関係の考察を日常生活に生かすこと」があげられている。ここに取り上げた調査問題は，日常生活の中の事象を，割合を活用して数学的に解釈することを求めている。そのためには，数量の関係を適切に捉え判断することが必要になる。ここにも大きな課題があると考えられる。

107

（2）「変化と関係」の目標

　新学習指導要領では，内容の系統性の見直しを行い，領域を全体的に整理し直している。これまでの指導要領では「A 数と計算」「B 量と測定」「C 図形」「D 数量関係」の4領域で構成されていたが，新学習指導要領では，「C 変化と関係」（第4〜6学年）が新設された。なお，Cについては「C 測定」（第1〜3学年）「C 変化と関係」（第4〜6学年）と小学校低学年，高学年で名称が異なっている。

　この領域の内容は，1998（平成10）年版の学習指導要領では，「量と測定」の領域と「数量関係」の領域にまたがって設定されていた。2つの領域の一部が「変化と関係」の領域として再編成されたということになる。

　そして，「変化と関係」の領域の内容として，第4学年に「簡単な場合についての割合」，第5学年に「割合」が新設されており，その理由としては，全国学力学習状況調査での割合について課題があることが指摘されていることがあげられる。

　領域のねらいは，新学習指導要領 解説に次のように示されている。

- 伴って変わる二つの数量の関係について理解し，変化や対応の様子を表や式，グラフに表したり読んだりするとともに，二つの数量の関係を比べる場合について割合や比の意味や表し方を理解し，これらを求めたりすること
- 伴って変わる二つの数量の関係に着目し，表や式を用いて変化や対応の特徴を考察するとともに，二つの数量の関係に着目し，図や式などを用いてある二つの数量の関係と別の二つの数量の関係の比べ方を考察し，日常生活に生かすこと
- 考察の方法や結果を振り返って，よりよい解決に向けて工夫・改善をするとともに，数理的な処理のよさに気付き，数量の関係の特徴を生活や学習に活用しようとする態度を身に付けること

第8章 変化と関係

（3）「変化と関係」の内容

　まず，新学習指導要領に沿って「変化と関係」の領域でどのようなことが教えられているかを概観する。この領域は，「伴って変わる二つの数量の変化や対応の特徴を考察すること」「ある二つの数量の関係と別の二つの数量の関係を比べること」「二つの数量の関係の考察を日常生活に生かすこと」の3つの内容から構成されている。それぞれの内容は，表8-1のとおりである。

　次にそれぞれの内容について詳しく述べる。

⑴　伴って変わる二つの数量の変化や対応の特徴を考察すること

　この内容は簡単にいうと「関数の考え」を学ぶことである。関数といえば，グラフを学ぶことであったり，式がないと関数でないかのように考えられてきた。しかし，そうしたことが関数本来の意味の理解を妨げてきたことも1つの事実である。関数の考えとは，数量や図形について取り扱う際に，それらの変化や対応の規則性に着目して問題を解決していく考えである。とくに2つの数量の関係を考察し，特徴や傾向を表したり，読み取ったりできるようにすることが求められる。重要なことは事象の変化を2つの数量の関係として捉えるこ

表8-1　「変化と関係」の各学年の主な内容

数学的な見方・考え方	• 二つの数量の関係などに着目して捉え，根拠を基に筋道を立てて考えたり，統合的・発展的に考えたりすること		
	伴って変わる二つの数量の変化や対応の特徴を考察すること	ある二つの数量の関係と別の二つの数量の関係を比べること	二つの数量の関係の考察を日常生活に生かすこと
第4学年	• 表や式，折れ線グラフ	• 簡単な割合	• 表や式，折れ線グラフ • 簡単な割合
第5学年	• 簡単な場合についての比例の関係	• 単位量当たりの大きさ • 割合，百分率	• 簡単な場合についての比例の関係 • 単位量当たりの大きさ • 割合，百分率
第6学年	• 比例の関係 • 比例の関係を用いた問題解決の方法 • 反比例の関係	• 比	• 比例の関係 • 比例の関係を用いた問題解決の方法 • 比

　出典：文部科学省（2017b）。

109

とである。これが関数を事象から抽出するということである。たとえば車が走るという事象を取り上げた際，その大きさや形ではなく，車が動くことによる場所の変化を，時間と走った距離に伴って変わる2つの数量の関係として捉えられるかである。つまり，伴って変わる2つの数量の関係を量化して捉え，考察していくのである。この伴って変わる2つの数量の集合を明確にし，両者の関係を考えるのが関数である。これらのことを理解するためには，いくら机上で計算を行ったり，与えられた表をグラフにするといった活動を行っても身につかない。実際に自分の手で実験を行い，データを集めるという活動を通してのみ，伴って変わる2つの数量の抽出やその関係を意識することができるのである。「関数の考え」を涵養していくには，次の3つに配慮することが大切である。

ア　ある変化を扱う場面において，ある数量が他のどんな数量と関係するかに着目すること
イ　2つの数量の変化や対応の特徴を調べていくこと
ウ　見出した変化や対応の規則性を，様々な問題解決に活用し，その思考過程や結果を表現したり，説明したりすること

アについては，たとえば，ある数量が変化すれば，他の数量が変化するのかどうか。ある数量が決まれば，他の数量が決まるのかどうか。そうした関係に着目することで，2つの数量の間の依存関係を調べることができるようになる。これが，関数の考えの第一歩である。その際，考察の対象となる数量の範囲を明確にすることも大切である。イ，ウについては，伴って変わる2つの数量の間に，変化の規則性などの関係を見つけることである。こうすることで，数量やその関係を言葉，数，式，図，表，グラフを用いて表し，そのように表現されたものから，さらに詳しく変化や対応の規則性の様子を読み取ることもできるようになる。

(2)　ある2つの数量の関係と別の2つの数量の関係を比べること

新学習指導要領では，第4学年に「簡単な場合についての割合」，第5学年に「割合」が設定されている。第4学年で割合を学習することについてはこの

第8章　変化と関係

学習指導要領ではじめて設定された。これらの内容は，「ある二つの数量の関係と別の二つの数量の関係を比べること」ということができる。A，Bという2つの数量の関係と，C，Dという2つの数量の関係どうしを比べるとき，比べ方は，大きく分けて差を用いる場合と割合を用いる場合がある。たとえば，姉妹の年齢が21歳と19歳，13歳と10歳という2組があった場合，2歳と3歳の違いがあることは考えても割合で比べようとはしないだろう。

　しかし，バスケットボールのシュートの本数と成功した数を考えると（たとえば，10回投げて6回成功した人と，8回投げて5回成功した人），個々の数量の差ではなく，数量の間の乗法的な関係でみていく。「シュートした数」のうちの「成功した数」のように，全体の中で部分が占める大きさについての関係同士を比べる場合は割合でみていく。

　それ以外にも，クラスで算数の好きな人は国語の好きな人の何倍かなどと部分と部分の大きさの関係どうしで比べることがある。この時も割合でみていくことになる。また，速さを比べる場合のように，距離と時間などの異種の量についての関係どうしを比べる場合も割合でみていくことになる。

　2つの数量の関係どうしを割合でみて比べる場合は，2つの数量の間に比例関係があることを前提としている。つまり，バスケットのシュートの例でいうと，10回中6回成功する，15回中9回成功する，20回中12回成功する，…ということを同じ割合で成功しているとみる。割合では，これらをすべて同じ関係としてみている点が特徴である。

　また，割合では，基準とする数量の大きさを適宜決めて，それを単位として用いる。たとえば，基準とする大きさを1とすると，割合が小数で表される。割合をなるべく整数で表すために，基準量を100として表す方法が，百分率（パーセント，％）である。基準とする大きさを10とすると歩合（割，など）となる。新しい用語が次々と出てくると混乱する児童もいる。それぞれに共通する割合の考え方をしっかり指導しておく必要がある。

　また，先の小項目(1)，(2)で学んだ2つの数量の関係の考察を児童自身が日常生活に生かすことができるように，実践的な活動を取り入れて指導していきたい。

2 「変化と関係」指導の実際

　小学校段階で扱う「変化と関係」の指導について，具体的な事例を取り上げ，その実際について記すことにする。「データの活用」の指導内容として「折れ線グラフ」がある。この事例では伴って変わる２つの数量の変化や対応の特徴を考察することをこの「折れ線グラフ」と関連づけて展開している。

　小学校で扱う「データの活用」の内容の１つである「折れ線グラフ」は児童にとって身近なものであり，視覚的にも捉えやすい。その一方では折れ線グラフは統計のグラフとしての意味と関数のグラフとしての意味をあわせもち，その関数としてのグラフの見方はいずれ微分・積分にもつながるものであり，子どもにとってその意味を正しく理解することは決して簡単とはいえない。しかし，これは事象の科学的な考察や分析に不可欠な見方である。これらのことから各児童の実態に応じた丁寧な指導がのぞまれる。

（1）関数のグラフとしての折れ線グラフ

　統計のデータを表すグラフとしては，絵グラフ・棒グラフ・折れ線グラフ・帯グラフ・円グラフ・柱状グラフ，箱ヒゲ図などがある。中でも折れ線グラフは統計にも関数にも用いられる。それは，横軸・縦軸に表現される数量が共に実数の大小としての順序系列と連続性を備えているからである。

　関数の場合，折れ線グラフは本来が連続的な直線や曲線のグラフになるものを有限個の対応値で代用した近似表現だといえる。学習を終えた児童の実態は，グラフの値・変化の特徴，変化の予想などを読み取ること，すなわち関数のグラフとしての理解が不十分であることが多い。児童に理解させたい関数グラフの特徴として次の３点があげられる。

> ① 伴って変わる２つの数量の変化について，一方が増加すると他方も増加・減少する，等の変化の特徴をつかむこと

第8章　変化と関係

② 折れ線の傾き（平均変化率）に着目し，変化の様子を把握できること
③ 連続する変化の中間値の予測ができること

（2）関数を抽出する

　関数の学習には，伴って変わる2つの数量が必要である。できあがったグラフを提示して導入するだけではなく，実際の伴って変わる2つの数量を測定したり記録したりする活動を通して学習させたい。

　たとえば，導入では，各家庭の浴槽についての実測活動を行う。実際に水をためたり，湯を抜いたりする時間や風呂の容積を量り，身近な浴槽を数量的に観察したり把握したりしている児童はほとんどいないだろう。

　まず，測定値を表にまとめさせる。児童の実態にあわせて，測定した値をベン図や対応図に表すことも効果的である。次に作成した表をもとに折れ線グラフを書く。変量の単位やグラフのタイトル，目盛りをどのように書くかも丁寧に指導していきたい。そして，変化の数値をグラフ上にプロットし，折れ線でつなぐ。児童は完成したグラフから変化の特徴を読み取ったり，その読み取った特徴を話し合ったりすることを通して関数の考え方を身につけていく。

（3）身の回りの「変化」を捉える

　浴槽についての学習が一通り終わったら，身の回りで伴って変わる2つの量について実測・記録を行わせる。例として，ここでは温度の変化に着目し測定させることにする。

　現在では，放射温度計などを使えば，測定対象に接触させることなく表面温度の変化を測定することができる。これ以外にもグラフ電卓やパソコンに接続できるセンサーなどもあり，伴って変わる2つの数量の関係として捉える，つまり関数を抽出する活動は以前よりも工夫次第で取り組みやすくなっている。

　家庭科室で，空焚きのフライパンの温度変化や鍋などに入れた水の温度変化を調べる。まず測定の前に，どのように変化するかグラフや数値などを用いて予想させる。そして実際に測定し，測定値を表にまとめる。短時間で温度が上

113

昇するため，子どもたちは真剣に測定する。そして，そのデータをグラフ上にとり，折れ線グラフに表す。温度の上昇の具合を比べたり，子どもたちの予想と比べたりすることが大切である。その話合いを通して，変化の特徴を読み取っていく。児童はこのような活動を通して目に見えにくい変化の様子や特徴を発見する楽しさを感じるのである。

さらに子どもたちは，身の回りの変化をもっと調べてみたいという意欲を見せ，いろいろな事象の変化の決まりを予想しはじめるだろう。理科室の実験用具などを利用し，水以外の液体の温度変化やペットボトルなどの水位変化などの測定を行わせてもよいし，携帯電話やインターネットの契約料や水道や電気などの公共料金を自分で工夫して調べてもよい。これらの変化の様子を，伴って変わる2つの数量の関係として捉え，それをグラフに表し，その特徴を読み取ることで関数の視点から変化を考察する力を育成することができるのである。

引用・参考文献
文部科学省（2017a）小学校学習指導要領。
文部科学省（2017b）小学校学習指導要領解説算数編。
国立教育政策研究所（2017）平成29年度全国学力・学習状況調査報告書。

学習の課題

(1) 「変化と関係」領域の指導における問題点（児童の誤答傾向）を列挙し，その具体的な打開の方法について提案しなさい。

(2) 「変化と関係」領域の指導の目標と内容を整理し，学年の関連づけを行うとともにその内容が他領域の内容と関連している事例をあげよ。

(3) 本章第2節に示された以外の「変化と関係」の単元を1つ取り上げ，その指導の実際について第2節（1）（2）と同様の形式で記述しなさい。

【さらに学びたい人のための図書】

黒田恭史（2011）『数学教育の基礎』ミネルヴァ書房。
　　⇨小学校教員に必要な数学の基本となるものの捉え方，考え方や各領域の内容についてわかりやすく解説している。第4章の4.2に関数の詳しい解説がある。

（岡部恭幸）

第9章 データの活用

この章で学ぶこと

新学習指導要領の算数科において「D データの活用」領域が新設され，子どもたちが生きていくうえで必要な資質・能力のひとつである「情報活用能力」をつけるため，統計教育重視の方向性が示された。本章では，統計教育における今日的課題を整理し，「データの活用」領域の目標，内容を明らかにする。またこれらを踏まえ，「情報活用能力」をつけるための指導の具体的な展開について論じる。

1 「データの活用」領域の今日的課題

（1）「データの活用」領域の問題点

（1）データの収集，分類整理や表現に関する誤答

2017年度の「全国学力・学習状況調査」の算数A⑨は，資料を2つの観点から分類整理し，表を用いて表すことができるかどうかをみる問題である（次頁，図9-1）。この問題についての2008（平成20）年の学習指導要領における領域・内容は，以下のとおりである。

> 〔第4学年〕
> D 数量関係 (4) 目的に応じて資料を集めて分類整理し，表やグラフを用いて分かりやすく表したり，特徴を調べたりすることができるようにする。ア 資料を二つの観点から分類整理して特徴を調べること。

設問(1)は資料を二次元表に分類整理することができるかどうかをみる問題で，この正答率は88.2％であり，相当数の児童が正しく答を求めることができている。

115

9 家でイヌやネコを飼っているかどうかを，13人に聞いて，下のように記録しました。

左の記録を下の表にまとめます。

○…飼っている
×…飼っていない

図9-1 資料の分類整理と表現

出典：文部科学省（2017）『全国学力・学習状況調査』.

(1) 左の出席番号1番の人は上の表の **ア** から **エ** までの中のどこに入りますか。1つ選んで，その記号を書きましょう。

(2) 上の表の **オ** にあてはまる数を書きましょう。

　それに対し，二次元表の合計欄に入る数を求めることができるかどうかをみる設問(2)の正答率は63.1％である。設問(2)の誤答については，「家でイヌやネコを飼っているかどうか」を調査した人数の13を2回たして26と解答していると考えられる児童が12.3％と多かった。

　また，A9(1)とA9(2)の結果のクロス集計から，表の空欄をすべて埋めることができたのに二次元表の合計欄の意味は理解できていないと考えられる児童が，A9(1)を正答したうち30.8％いることがわかった。

　以上の結果より，資料の分類整理を行ったあと，それを表などで表現することのよさなどを体験してその意味を理解させる指導が重要である。

(2) データの読み取りに関する誤答

　2017年度の「全国学力・学習状況調査」の算数B4は，日常生活の事象を，表やグラフの特徴をもとに考察したり，表現したりすることができるかどうかをみる問題である（図9-2）。設問(1)については，学習指導要領にもある「表

第9章　データの活用

4

学校で、4年生以上の学年について、ハンカチとティッシュペーパーを持ってきているかどうかについて調べました。

ゆうじさんは、調べた結果を次のようにまとめました。

ハンカチ・ティッシュペーパーを持ってきた人数　（人）

学年	ハンカチを持ってきた	ティッシュペーパーを持ってきた	両方持ってこなかった	学年の人数
4年	40	47	2	52
5年	62	61	1	70
6年	52	57		60

さくら

ゆうじさんが作った表には、ハンカチとティッシュペーパーを両方持ってきた人数が書いてありません。

さくらさんは、ハンカチとティッシュペーパーを両方持ってきた人数を求めるために、表をまとめ直すことにしました。

下の表は、5年生の結果をまとめ直したものです。

5年生のハンカチ・ティッシュペーパー調べの結果　（人）

	ティッシュペーパー		合計
	持ってきた	持ってこなかった	
ハンカチ 持ってきた	ア	イ	62
ハンカチ 持ってこなかった	ウ	1	エ
合計	61	オ	70

さくらさんは、表をもとに次の式をつくり、ハンカチとティッシュペーパーを両方持ってきた5年生の人数を54人と求めました。

【さくらさんの式】
70 - 61 = 9
9 - 1 = 8
62 - 8 = 54

【さくらさんの式】の中の、「9」は、ティッシュペーパーを持ってこなかった人数の合計を表しています。この「9」は表の　オ　にあてはまります。

(1) 【さくらさんの式】の中の「8」はどのような人数を表していますか。言葉を使って書きましょう。

また、この「8」は、表のどこにあてはまりますか。ア から エ までの中から1つ選んで、その記号を書きましょう。

ゆうじさんたちは、調べた結果をグラフに表して発表しようと考えています。

ゆうじ

ハンカチとティッシュペーパーの両方を、いちばんよく持ってきている学年がわかるようなグラフを作りたいです。

さくら

学年の人数がちがうので、「学年の人数」をもとにしたときの「ハンカチとティッシュペーパーの両方を持ってきた人数」の割合がわかりやすいグラフを作ればよいと思います。

(2) それぞれの学年の、「学年の人数」をもとにしたときの「ハンカチとティッシュペーパーの両方を持ってきた人数」の割合を表すのに、最も適したグラフは、右の 1 から 4 までの中のどれですか。

1つ選んで、その番号を書きましょう。

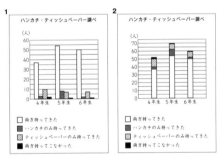

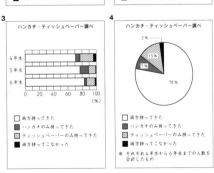

図 9-2　表やグラフの読み

出典：文部科学省（2017）『全国学力・学習状況調査』。

やグラフを用いてわかりやすく表したり，特徴を調べたりすることができるようにする。資料を2つの観点から分類整理して特徴を調べること」であり，示された式の中の数の意味を，表と関連づけながら正しく解釈し，それを言葉を用いて記述できるかどうかをみる問題である。この正答率は40.2%であった。

　誤答については「(「8」が表す人数) ティッシュペーパーを持ってこなかった人数です (記号エ)」と答えた児童が9.4%であった。表のエに当てはまる数が「8」であることからエを選択していると考えられる。

　さらに，選択した記号の場所について，二次元表の項目に着目して正しく記述することができていないと考えられる。児童にとって，示された式の中の数の意味を，表と関連づけながら正しく解釈し，それを言葉を用いて記述することに課題があるといえる。

　2008 (平成20) 年の学習指導要領における領域・内容は以下のとおりである。

　〔第3学年〕
　D 数量関係 (3) 資料を分類整理し，表やグラフを用いて分かりやすく表したり読み取ったりすることができるようにする。
　　ア 棒グラフの読み方やかき方について知ること
　〔第5学年〕
　D 数量関係 (4) 目的に応じて資料を集めて分類整理し，円グラフや帯グラフを用いて表したり，特徴を調べたりすることができるようにする。

設問(2)については，割合を比較するという目的に適したグラフを選ぶことができるかどうかをみる問題である。

　この正答率は29.4%であった。誤答については4を選択している児童が32.3%であった。これは，割合に着目することはできているが，各学年の割合を比較するという目的に適したグラフを選択できていないと考えられる。児童にとって，割合を比較するという目的に適したグラフを選ぶことに課題があるといえる。様々なグラフの特徴を理解し，目的に応じて，適切なグラフを選択できるようにする指導をしていくことが重要である。

第9章　データの活用

（3）「データの活用」指導の検討課題

　先述の全国学力・学習状況調査の結果を踏まえ，「データの活用」領域での児童の理解困難な点は，次のようにまとめることができる。

① 資料を分類整理し，表やグラフを用いて表すことの意味が理解できない
② グラフから資料の特徴や傾向を正確に読み取ることができない
③ 示されている事柄とグラフとを関連づけることができない

（2）「データの活用」領域の目標

　「データの活用」領域は，新学習指導要領から新設されたものである。2008（平成20）年の学習指導要領では「数量関係」領域の内容の1つであった「資料の整理と読み」が独立したものといってよい。「数量関係」の領域は，1958年の学習指導要領から登場したが，人工知能，ビッグデータの時代と呼ばれるような高度情報化社会の急速な進展などを背景に，統計教育を重視する方針が打ち出され，新学習指導要領において領域の改編がなされたといえる。

　この領域のねらいは，次の3つに整理することができる。

- 目的に応じてデータを集めて分類整理し，適切なグラフに表したり，代表値などを求めたりするとともに，統計的な問題解決の方法について知ること
- データのもつ特徴や傾向を把握し，問題に対して自分なりの結論を出したり，その結論の妥当性について批判的に考察したりすること
- 統計的な問題解決のよさに気付き，データやその分析結果を生活や学習に活用しようとする態度を身に付けること

　これまでの小学校における統計教育は，いかにデータを分類して，集計を行い，どのように表やグラフを用いて表現するのかに終始し，知識・技能中心の傾向があった。これからは，問題意識をもち，データをどう収集すればよいのか計画を立て，統計的に表現し，分析を行うといった一連の活動である「統計的探求プロセス〔PPDAC サイクル：Problem（問題）— Plan（調査の計画）— Data

119

表 9-1 「データの活用」の各学年の主な内容

学 年	内 容
第1学年	• 絵や図を用いた数量の表現
第2学年	• 簡単な表やグラフ
第3学年	• データの分類整理と表に表し，読むこと • 棒グラフの特徴やその用い方 • 最小目盛りが2，5又は20，50等の棒グラフ， 　複数の棒グラフを組み合わせたグラフ
第4学年	• 二つの観点からの分類整理 • 折れ線グラフの特徴とその用い方 • 複数系列のグラフ
第5学年	• 円グラフや帯グラフの特徴と用い方 • 統計的な問題解決の方法 • 複数の帯グラフの比較 • 測定値の平均の意味
第6学年	• 代表値の意味や求め方 • 度数分布を表す表やグラフの特徴と用い方 • 統計的な問題解決の方法 • 起こり得る場合の数

出典：文部科学省（2017）『小学校学習指導要領解説 算数編』。

（データ）— Analysis（分析）— Conclusion（結論）]」（後述）を日常場面で活用できるよう指導することが重要である。

（3）「データの活用」領域の内容

　まず，新学習指導要領に沿って「データの活用」領域でどのような内容が教えられているのかを概観する。この領域の内容は表9-1のとおりである。

　この領域で育成したい数学的な見方・考え方に着目して内容を整理すると，次の① ②の2つにまとめることができる。

　　① 目的に応じてデータを収集，分類整理し，結果を適切に表現すること

　　② 統計データの特徴を読み取り判断すること

　これらの観点から，表9-1をもとに各学年の内容をさらに整理すると次のようになる。

第9章　データの活用

① 目的に応じてデータを収集，分類整理し，結果を適切に表現すること

〈第1学年〉
- データの個数への着目　・絵や図

〈第2学年〉
- データを整理する観点への着目　・簡単な表　・簡単なグラフ

〈第3学年〉
- 日時の観点や場所の観点などからデータを分類整理　・表
- 棒グラフ　・見出したことを表現する

〈第4学年〉
- 目的に応じたデータの収集と分類整理　・適切なグラフの選択
- 二次元の表　・折れ線グラフ

〈第5学年〉
- 統計的な問題解決の方法　・円グラフや帯グラフ　・測定値の平均

〈第6学年〉
- 統計的な問題解決の方法　・代表値　・ドットプロット
- 度数分布を表す表やグラフ　・起こり得る場合の数

② 統計データの特徴を読み取り，判断すること

〈第1学年〉
- 身の回りの事象の特徴についての把握　・絵や図

〈第2学年〉
- 身の回りの事象についての考察　・簡単な表　・簡単なグラフ

〈第3学年〉
- 身の回りの事象についての考察　・表　・棒グラフ

〈第4学年〉
- 結論についての考察　・二次元の表　・折れ線グラフ

〈第5学年〉
- 結論についての多面的な考察　・円グラフや帯グラフ
- 測定値の平均

〈第6学年〉
- 結論の妥当性についての批判的な考察　・代表値　・ドットプロット
- 度数分布を表す表やグラフ　・起こり得る場合の数

121

「データの種類」については，性別や血液型など文字情報として得られる「質的データ」と，身長や50m走の記録のように数値情報として得られる「量的データ」，各月の平均降水量などのように時間変化に沿って得られた「時系列データ」がある。データの種類によって分類整理の方法や用いるグラフなど異なってくるため注意が必要である。データが集められてもデータがそのまま羅列されているだけでは，特徴や傾向を把握することは難しい。正確に分析するためにも，またグラフなどに表すためにも「表」に整理することは大切である。

「グラフ」については，データをグラフに表すことによって，特徴や傾向について視覚的に捉えやすくなるため，統計的な分析には欠かせない。一方で，現実社会においては，事実とは異なる印象を与え，間違った結論に誘導させるようにグラフが用いられる場合もあるので，グラフの読み取りには注意が必要である。量的データの特徴を捉える指標としては「代表値」が用いられる。その求め方や意味について理解し，適切に用いることが重要である。

「平均」の意味・求め方については，"ならす"操作として捉えさせることが重要である。「起こり得る場合の数」については，授業では確定した事象を対象にすることが多いが，現実社会における事象には，不確定な事象も多く，そのような事象についても考察の対象として扱うことが重要である。「結論について多面的・批判的に考察すること」については，統計的な問題解決では自分たちが行った問題設定や集めたデータ，表やグラフを用いての分析の方法など，問題解決の過程や結論の妥当性について批判的かつ多面的に考察することが重要である。

2 「データの活用」領域の指導の実際

（1）「データの収集，分類整理や表現」の指導

授業で扱うデータは，児童が興味関心をもって主体的にデータの整理・分析処理に取り組めるよう次のようなデータが望ましい。

① 児童にとって関心のあるデータ

② 自らデータ形成に関わったデータ
③ 意外な発見が潜んでいるデータ

　第3学年の内容の具体的な指導内容を述べる。「データの分類整理と表に表し，読むこと」および「棒グラフの特徴やその用い方」を扱う。児童にとって身近な「図書室の貸し出し状況」を題材とする。テーマとして，小学校で「図書室の本をみんながたくさん借りて読むにはどうすればよいか」を設定する。これは児童にとって身近で，また必要性も感じられるテーマである。

　ここでは，グラフに表す活動までの展開を考えてみることにする。表9-2はA小学校における実際の1年間の図書貸出冊数のデータである。小学校の多くは，蔵書・貸出などを管理するシステムを導入しているので，クラス別の貸出状況等の基本になるデータはパソコンを利用することにより入手しやすい。この基本データをもとに，問題解決に必要なデータの整理を行う。

　また，授業の展開の際は，児童の「知りたい」「調べてみたい」を大切にしたい。たとえば，① 自分のクラスの貸出冊数は全校で何番目か，② 自分の学年の貸出冊数は全校で何番目か，③ 学年ごとにどのような特徴があるか，などの疑問に対する適切なグラフを作成する活動などが重要である。②の疑問に対しては，各学年の貸出冊数を新たに表にまとめる。それを利用して棒グラフ（図9-3）で表し，順位と全校の学年ごとの貸出冊数について考察をする展開となる。第1〜4学年は図書の時間が時間割に設定されていて授業中に本の貸

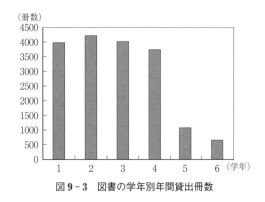

表9-2　図書のクラス別貸出冊数

	1組	2組	3組
1年	1386	1207	1365
2年	1624	1182	1403
3年	1288	1390	1328
4年	1172	1247	1303
5年	591	115	362
6年	123	204	329

図9-3　図書の学年別年間貸出冊数

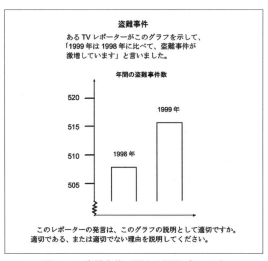

図9-4 盗難事件に関する問題（OECD）

し出しが可能であるが，第5，第6学年はそれがないなどの情報は共有したうえで，グラフを読み取る展開が考えられる。必要に応じたグラフの作成を考えさせることが重要である。

(2)「データの読み取り」の指導

OECD（経済協力開発機構）による生徒の学習到達度調査（PISA）で出題された問題（2003）で「盗難事件に関する問題」（図9-4）がある。この調査は，日本では高等学校第1学年が対象ではあるが，内容としては小学校第3学年の「棒グラフの特徴やその用い方」に関連すると思われるため取り上げる。この問題は一部が省略されたグラフから，盗難事件の発生数の増加の傾向を考察する問題で「与えられたグラフから適切に情報を読み取ることができるか」を見る問題である。日本の生徒の正答率は29.1％（OECD加盟国平均 29.5％）であった。この結果から，他者が作成した表やグラフの妥当性を批判的かつ多面的に考察することに課題があるといえる。

この問題のように社会生活においても，棒グラフや折れ線グラフでは，グラ

第9章　データの活用

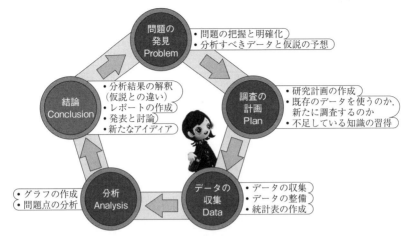

図9-5　PPDACサイクルを表す図
出典：総務省統計局，「なるほど統計学園高等部」。

フ制作者が何らかの意図をもって，波線を用いて縦軸を省略することにより，グラフを読み取る際の印象が操作される場合がある。指導としては，教師がある結論に誘導するようなグラフとそこから導きたい結論を提示し，児童がグラフや結論の妥当性について個人で考察を行い，さらにグループで議論することを通して，正しい結論を表現するためのグラフを提案させ，結論を再び導く活動などがある。どのようなグラフに対しても，読み取って得た結論の妥当性について，批判的かつ多面的に考察できるよう指導することが望ましい。

（3）「統計的な問題解決の方法」の指導

　第5，6学年の内容として，「統計的な問題解決の方法」がある。統計教育では，児童が社会生活に関わる問題を見つけ，問題解決型の活動を行い統計的な問題解決能力を育成することが目標である。統計的な問題解決のためのフレームワークのひとつとして「PPDACサイクル」（図9-5）がある。これは，問題解決における各プロセスを次頁の表9-3のようにProblem（問題），Plan（計画），Data（データ），Analysis（分析），Conclusion（結論）に分割してサイクルを回していく考え方である。このサイクルを実際に経験させて指導するこ

表 9-3 PPDAC サイクルの各プロセス

プロセス	内 容	
Problem（問題）	・問題の把握	・問題設定
Plan（計画）	・データの想定	・収集計画
Data（データ）	・データ収集	・表への整理
Analysis（分析）	・グラフの作成	・特徴や傾向の把握
Conclusion（結論）	・結論付け	・振り返り

出典：文部科学省（2017）。

とが重要である。

「統計的な問題解決の方法」の大まかな授業展開について述べる。「PPDAC サイクル」において ① Problem ― ② Plan ― ③ Data ― ④ Analysis ― ⑤ Conclusion に従うと次のようなる。

① Problem（問題の発見）：身の回りの事象について問題意識をもち，統計的に解決可能な問題を設定する
② Plan（調査の計画）：設定した問題に対して見通しを立てて，集めるべきデータと集め方を考える
③ Data（データの収集）：その計画に従って実際にデータを集め，表などに分類整理する
④ Analysis（分析）：集めたデータに対して，目的やデータの種類に応じてグラフや表に表し，特徴や傾向をつかむ
⑤ Conclusion（結論）：問題に対する結論をまとめて表現したり，それをもとに新たな課題を見出したりする

以上のサイクルを回すことによって，算数科の有用性が感じられる活動であると児童は実感するであろう。児童にはこのような体験を大切にしてほしい。

126

第9章　データの活用

引用・参考文献

国立教育政策研究所（2004）『生きるための知識と技能〈2〉——OECD生徒の学習
　到達度調査年調査国際結果報告書』ぎょうせい。
筑波大学附属小学校算数研究部（2017）『算数授業研究』Vol. 112 東洋館出版社。
文部科学省（2017）『小学校学習指導要領解説 算数編』。
渡辺美智子（2007）「統計教育の新しい枠組み——新しい学習指導要領で求められて
　いるもの」『数学教育学会誌』48（3・4）。

```
学習の課題
```

(1)　「データの活用」指導における問題点（児童の誤答傾向）を列挙し，その具体
　的な打開の方法について提案しなさい。
(2)　「データの活用」指導の目標と内容を整理し，学年の関連付けを行うとともに，
　表やグラフの扱かわれ方の変化について説明しなさい。
(3)　第2節（1）に示されたデータ（クラス別貸出冊数）を利用して，「データの
　活用」の単元を1つ取り上げ，その指導の実際について授業展開を提案しなさい。

【さらに学びたい人のための図書】

総務省統計研修所（2016）『初めて学ぶ統計』日本統計協会。
　　⇨データの見方と使い方を中心に，データの集め方にさかのぼり統計に関する基
　　礎的な知識を学ぶことができる。実際に国で作成している統計に焦点を当て，
　　理論だけでなく統計利用のポイントも解説されている。
渡辺美智子他（2017）『レッツ！ データサイエンス 親子で学ぶ！ 統計学はじめて図
　鑑』日本図書センター。
　　⇨グラフの見方・つくり方および統計学の考え方と活用法が基本から学べる子ど
　　も向け図鑑である。身近な事例や題材をもとに統計学の考え方や役割が説明さ
　　れていて，教師の教材研究にも役立つ一冊。

（竹歳賢一）

第10章 プログラミング的思考

この章で学ぶこと

本章では，2017（平成29）年告示の小学校学習指導要領 解説に記載された「プログラミング的思考」について論じる。第1節では時代を超えて普遍的に求められるプログラミング的思考について概説し，第2節では新学習指導要領が求めるプログラミング的思考について論じ，第3節では算数科で「主体的・対話的で深い学び」の実現に資するプログラミング教育についての研究と実践事例について示す。

1 時代を超えて普遍的に求められるプログラミング的思考

（1）新たな産業社会の実現に向けての人材育成

人類は，過去3回の産業革命によって，生産における技術革新と経済成長を遂げてきた。18～19世紀，イギリスで蒸気機関の発明により，1つずつ手作業でつくっていたものを機械化した第1次産業革命。20世紀初頭～中盤，石油と電力の活用により，多くの機械で大量生産を可能にした第2次産業革命。20世紀後半から，コンピュータ制御により，人間が指示を与えれば機械が自動的にものを生産するようになった第3次産業革命。そして，現在，人間が指示を与えなくても人工知能（AI：Artificial Intelligence）が大量のデータをもとに自ら考えて最適な行動を行うことが可能となる第4次産業革命を迎えている。この第4次産業革命では，データ化された実社会のあらゆる情報がネットワークを通じてリアルタイムにやり取りされ（IoT：Internet of Things），AI が大量のデータ（ビッグデータ）を分析し，最適化に向けた判断をもとに機械（ロボット）の制御を自動的に行うといったことが可能となるのである。

128

第10章 プログラミング的思考

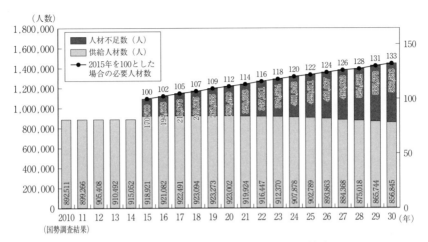

図10-1 全体のIT人材不足数の試算（中位・全体）
出典：みずほ情報総研（2016）をもとに一部改変。

こういった新たな産業革命への日本の対応は，諸外国と比べ大きく遅れをとっているといわれている。その原因のひとつとして，IoT，ビッグデータ利活用，AI，セキュリティ対策などのスキルをもったIT（Information Technology）人材が，量的（人数）のみならず質的（レベルや領域）に不足していることがあげられる。みずほ情報総研（2016）が経済産業省の委託事業として行ったIT人材最新動向と将来設計に関する調査結果によると，わが国のIT人材の供給動向は，人口減少に伴って2019年をピークにIT関連産業への入職者は退職者を下回るため，IT関連の産業人口が減少することがマクロ推計によって予測されている。これに加えて，ITニーズの拡大に伴うIT人材需要の増加により，IT人材の不足は，中位シナリオでは，2020年に29万人，2030年には59万人程度になると試算されている（図10-1）。ちなみに，低位シナリオでは，2020年に約22万人，2030年に41万人の不足，高位シナリオでは，2020年に37万人，2030年に71万人の不足が試算されている。この結果から，IT人材不足の解消が，喫緊の課題であることが明らかである。

（2）諸外国におけるプログラミング教育の取組み

　第4次産業革命の到来に向けて，世界的に初等中等段階におけるプログラミング教育が本格化している。諸外国のプログラミング教育を調査した文部科学省（2014）の報告書によると，ナショナルカリキュラムのもと，プログラミング教育を普通教科として単独で実施している国はなく，情報教育やコンピュータサイエンスに関わる教科の中でプログラミング教育が行われているのが現状である。初等段階（日本の小学校に相当）では，イングランド，ハンガリー，ロシアが必修科目としてプログラミング教育を実施している。とくに，イングランドでは，2014年9月に導入した必修教科「Computing」において，5〜16歳を対象とした系統的なプログラミング教育を実施している。「Computing」は，各教科との関連を重視した授業を週1回程度実施しているため，教育省は2014年2月4日時点で，外部機関であるBCS（British Computer Society）に200万ポンド以上を投じて現職教員の育成と授業で使用する教材開発を行った。さらに，プライマリスクールの教員を養成するために，CAS（Computing At School）に110万ポンドを投じて，オンラインの教材開発やワークショップを行った（文部科学省，2014）。CASが作成したガイドブック"Computing in the national curriculum: A guide for primary teachers"の序文の冒頭に，以下のことが記述されている。

　コンピュータは今や日常生活の一部となっている。多くの人にとって，そのテクノロジーは，家庭でも，職場においても，我々の生活に必要不可欠なものである。コンピューテーショナル・シンキングは，子供たちが将来職業に就くための準備，そして，デジタル社会に効果的に参加出来るための習得すべき能力である。

　コンピューティングのための新しいナショナルカリキュラムは，イングランドの子供たちが今後の人生において必要とされるコンピューティングの基礎的な技能，知識，理解を身につけさせるために開発されている。

　この記述から，イングランドの新教科「Computing」は，単にプログラミングやコーディング（プログラミング言語を用いた記述方法）の習得のみではなく，

第10章　プログラミング的思考

これからの生活に必要不可欠となるプログラミングに関する能力（コンピュテーショナル・シンキング）の育成を目的としていることが読み取れる。

2 新学習指導要領が求めるプログラミング的思考

（1）過去の学習指導要領におけるプログラミング教育

わが国で初めてプログラミングが教科の中に取り入れられたのは，1970（昭和45）年告示の高等学校学習指導要領の「数学ⅡA」の内容「D 計算機」である。その内容の取扱いでは，「電子計算機を利用できる場合には，さらにプログラムを作成し，実際に計算機にかけ結果が求められるようにする」と記述されており，計算や思考の手順を分析，系列化し，フローチャートに表わすことができることが目標であった。さらに，1989（平成元）年告示の高等学校学習指導要領の「数学C」では，コンピュータを活用する内容が中心に構成されていた。当時，コンピュータグラフィックスが発達したため，生徒がプログラミングでいろいろな関数のグラフを表示することにより，曲線の特徴を観察・把握するとともに，座標（直交座標，極座標）の理解を深めることが目標であった。

一方，他教科で初めてプログラミングが導入されたのは，1989（平成元）年告示の中学校学習指導要領の技術・家庭科の技術分野で，コンピュータの基本操作と簡単なプログラム作成が取り入れられた。さらに，2008（平成20）年告示の中学校学習指導要領では，技術・家庭科の技術分野で「プログラムによる計測・制御」が必修化され，コンピュータの操作等を通して，その役割と機能を理解することと，情報を適切に活用する基礎的な能力を養うことが目標とされた。

（2）小学校段階におけるプログラミング的思考の導入経緯

2015年10月に，中央教育審議会初等中等教育分科会教育課程部会ワーキンググループが発足し，初等教育でのプログラミング教育に関する専門的な議論がはじまった。2016年4月19日に，安部晋三首相は，「第26回産業競争力会議」

131

において，「日本の若者には，第四次産業革命の時代を生き抜き，主導していってほしい。このため，初等中等教育からプログラミング教育を必修化します。一人一人の習熟度に合わせて学習を支援できるよう IT を徹底活用します」と，2020年度から小学校でプログラミング教育を必修化することを明言した（首相官邸，2016）。さらに，文部科学省の「小学校段階における論理的思考力や創造性，問題解決能力等の育成とプログラミング教育に関する有識者会議」（以下，有識者会議）は，2016年6月16日に，「小学校段階におけるプログラミング教育の在り方について」（議論の取りまとめ）を公表し，2020年から実施する小学校学習指導要領にプログラミング教育の必修化を盛り込むことを報告した。有識者会議は，プログラミング教育の目的を次のように示している。

> プログラミング教育とは，子供たちに，コンピュータに意図した処理を行うよう指示することができるということを体験させながら，将来どのような職業に就くとしても，時代を超えて普遍的に求められる力としての「プログラミング的思考」などを育むことであり，コーディングを覚えることが目的ではない。

（文部科学省，2016）

　ここでの「プログラミング的思考」とは，イングランド等で重視されている「コンピューテーショナル・シンキング」の考え方を踏まえつつ，プログラミングと論理的思考との関係を整理して，次のように定義している。

> 自分が意図する一連の活動を実現するために，どのような動きの組合せが必要であり，一つ一つの動きに対応した記号を，どのように組み合わせたらいいのか，記号の組合せをどのように改善していけば，より意図した活動に近づくのか，といったことを論理的に考えていく力。

（文部科学省，2016）

　さらに，小学校段階におけるプログラミング教育を通じて目指す育成すべき資質・能力として，次頁の3つを示している。

第10章　プログラミング的思考

【知識・技術】

(小) 身近な生活でコンピュータが活用されていることや，問題の解決には必要な手順があることに気付くこと。

【思考力・判断力・表現力等】

• 発達の段階に即して，「プログラミング的思考」（略）を育成すること。

【学びに向かう力・人間性等】

• 発達の段階に即して，コンピュータの働きを，よりよい人生や社会づくりに生かそうとする態度を涵養すること。

（3）新学習指導要領におけるプログラミング的思考

新学習指導要領の第1章 総則の第3の1の(3)には，「プログラミング」の文言が次のように盛り込まれている。

各教科等の特質に応じて，次の学習活動を計画的に実施すること。

ア　児童がコンピュータで文字を入力するなどの学習を基盤として必要となる情報手段の基本的な操作を習得するための学習活動

イ　児童がプログラミングを体験しながら，コンピュータに意図した処理を行わせるために必要な論理的思考力を身に付けるための学習活動

新学習指導要領では，プログラミング的思考の文言が記述されていないが，有識者会議の議論の内容を踏まえると，2020年度から小学校で実施されるプログラミング教育は，すべての児童をプログラマーとして育成することが目的ではなく，プログラミングの考え方にもとづいた論理的思考，つまり，プログラミング的思考を育むことが目的であることがわかる。そのために，各教科の特質に応じて，プログラミングを体験しながら論理的思考を身につけるための学習活動が必要であり，新学習指導要領では，算数科，理科，総合的な学習の時間において，学習活動を取り上げる内容や取扱いを例示している。また，それら以外の内容や教科等においても，学校の教育目標や児童の事情等に応じてプログラミングを取り入れることを求めている。

（4）新学習指導要領における論理的思考とプログラミング的思考

　新学習指導要領の算数科の「第3　指導計画の作成と内容の取扱い」の2の(2)には，「プログラミング」の文言が次のように盛り込まれている。

　数量や図形についての感覚を豊かにしたり，表やグラフを用いて表現する力を高めたりするなどのため，必要な場面においてコンピュータなどを適切に活用すること。また，第1章総則の第3の1の(3)のイに掲げるプログラミングを体験しながら論理的思考力を身に付けるための学習活動を行う場合には，児童の負担に配慮しつつ，例えば第2の各学年の内容の［第5学年］の「B図形」の(1)における正多角形の作図を行う学習に関連して，正確な繰り返し作業を行う必要があり，更に一部を変えることでいろいろな正多角形を同様に考えることができる場面などで取り扱うこと。

　さらに，小学校学習指導要領　解説では，「主体的・対話的で深い学び」の実現に資するプログラミング教育について，次のように示している。

　（略）将来どのような職業に就くとしても，時代を超えて普遍的に求められる「プログラミング的思考」などを育むプログラミング教育の実施を，子供たちの生活や教科等の学習と関連付けつつ，発達の段階に応じて位置付けていくことが求められる。

　その際，小・中・高等学校を見通した学びの過程の中で，「主体的・対話的で深い学び」の実現に資するプログラミング教育とすることが重要である。小学校においては，教科等における学習上の必要性や学習内容と関連付けながらプログラミング教育を行う単元を位置付け，身近な生活でコンピュータが活用されていることや，問題の解決には必要な手順があることに気付くことを重視する。

　算数科において，プログラミングを体験しながら論理的思考力を身に付けるための活動を行う場合には，算数科の目標を踏まえ，数学的な思考力・判断力・表現力等を身に付ける活動の中で行うものとする。

　算数・数学の学習では，日常の複雑な出来事や問題を解決するために，次のようなプロセスの学習活動がよく行われる。

第10章　プログラミング的思考

① 問題の対象となる事象を観察し，問題解決に必要な変数を取捨選択する
② 上記①の変数をもとに，数や式，図形などの数学的表現に置き換える
③ 上記②の数学的表現を使って数学的な処理を行い，数学的な解を得る
④ 上記③で得られた数学的な解を現実の事象で解釈・検証する
⑤-1 数学的な解が正しくない場合は，上記①から④を繰り返す
⑤-2 数学的な解が正しい場合は，問題解決の仕方を振り返り，問題解決の
　　 方法をより簡潔・明確・的確なものに高めたり，それを手順としてま
　　 とめたりする。さらに，発展的・統合的な問題へと展開する

　上記の数学的問題解決のプロセス①から④の思考は，前述のプログラミング的思考の定義である「自分が意図する一連の活動を実現するために，どのような動きの組合せが必要であり，一つひとつの動きに対応した記号を，どのように組み合わせたらいいのか」のプロセスに，一方，数学的問題解決のプロセスの⑤の思考は，「記号の組合せをどのように改善していけば，より意図した活動に近づくのか」のプロセスに相当すると考えられる。

　以上のことから，小学校の算数科においては，教科の内容にプログラミングを取り入れながら，時代を超えて普遍的に求められる力であるプログラミング的思考と，算数科で身につける論理的な思考とを関連づける学習活動の実現が求められていると考える。ただし，2020年度からの実現に向けて，授業時間の確保，指導教員（人材）の養成と確保，教科書や実践事例の充実などが，解決すべき喫緊の課題であるといえる。

3　算数科で「主体的・対話的で深い学び」の実現に資するプログラミング

（1）1960〜1990年代における研究と実践事例

　前節において，新学習指導要領の算数科では「主体的・対話的で深い学び」の実現に資するプログラミングを取り入れながら，時代を超えて普遍的に求め

られる力であるプログラミング的思考と，算数科で身につける論理的な思考とを関連づける学習活動を求めていることを示した。ここでは，1960年代にマサチューセッツ工科大学（MIT）のシーモア・パパートが行った，プログラミングを取り入れた算数科の学習活動に関する研究・実践を紹介する。

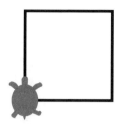

```
TO SQUARE
FORWARD 100
RIGHT 90
FORWARD 100
RIGHT 90
FORWARD 100
RIGHT 90
FORWARD 100
RIGHT 90
END
```

図10-2　LOGOのプログラミング例

　パパートは，シンシア・ソロモンとともに教育用プログラミング言語LOGOを開発した。LOGOは，コンピュータの画面上に表示されたタートル（亀）を，プログラムで動かし，その動いた軌跡で様々な幾何学的図形を描くためのプログラム言語である。たとえば，図10-2のように，1辺の長さが100（タートルは一歩がおよそ1mmなので100歩の距離）の正方形を描く場合，FORWARD 100を入力するとタートルは100歩進み，次に，RIGHT 90を入力するとタートルは右に90度回転する。これを4回繰り返すと正方形を描くことができる。子どもたちは，LOGOを使って自分の描きたい幾何学的図形や絵のプログラムを作成し，思い通りに描けなかった場合，その原因（バグ）を数学の知識とプログラミングの知識をもとに考えて，プログラミングを修正（デバッグ）する必要が生じる。パパートは，「コンピューターを学ぶうえでは一度でできるということは殆どない。プログラミングの達人になるということは，「バグ」即ちプログラムがうまく働くことを妨げている部分を取り出し，訂正することに巧みになるということである」（パパート，1982，31頁）と述べるように，失敗とそれに続くデバッグこそが重要であると主張している。この主張が，まさに，有識者会議が定義したプログラミング的思考と共通すると考える。

　図10-2の正方形を描いた後に，子どもたちが正三角形を描きたいと思った場合，多くの子どもがRIGHTの引数を60として，正しく描けない事実が実践から明らかにされている。その理由は，子どもにとって正三角形の内角は既習であるが，外角は未習であるからである。しかし，未習だからといって，子

第10章　プログラミング的思考

どもたちは活動をやめることはしない。画面に表示された図形に驚き，その図形とプログラムを見直したり，実際にタートルのように自分で正三角形になるように歩いてみたりして考える。その結果，RIGHT の引数が120であると考え，プログラミングで実際にタートルを動かしてみることで，自分の考えを検証する。これらの活動を通して，子どもたちは内角と外角との関係のインフォーマルな知識を自ら獲得することになる。さらに，正五角形を描きたいと思った場合，正三角形で獲得した内角と外角との関係のインフォーマルな知識を類推的な考え方によって活用するであろう。また，正六角形，正七角形…と描く活動を通して，内角と外角との関係のインフォーマルな知識がどの場合でも成り立つことがわかると，内角と外角との関係の知識の習得のみならず，一般化の考え方も学ぶことができる。最終的に，子どもたちがこれらすべての活動を振り返ることにより，正多角形は「辺の長さだけ線を引く」ことと「外角の角の大きさ分回転する」といった手続きを繰り返す作業と，引数を変更することで描くことができることを，帰納的に学ぶことができる。

　以上のことから，子どもが自ら考えた図形を描くといった「主体的」な目的意識をもって，デバッグによるコンピュータとの「対話的」な活動を行うことによって，プログラミング的思考を習得するのみならず，幾何に関する知識・技能と数学的考え方に基づく論理的な思考を習得するといった「深い学び」が実現できることを，パパートは研究・実践から明らかにした。つまり，新学習指導要領の算数科が求める，「主体的・対話的で深い学び」の実現に資するプログラミングを取り入れた研究・実践が，約40年前に行われていたことになる。

（2）小学校算数科のためのプログラミング言語や教育方法等の台頭

　現在存在しているプログラミング言語は200種類以上といわれている。その多くが，Ｃ言語や JavaScript のように画面上でテキストを打ち込んでいく「テキストコーディング」によってプログラムを作成するものである。これらのプログラミング言語は，複雑なプログラミング技術を必要としたり，入力したテキストが1字でも間違えると実行できなかったりするため，小学校段階に

おけるプログラミング教育には相応しくなかった。これに対して，命令が言葉で記述されているブロックをマウスでドラックしてプログラムを組み立てる「ビジュアルプログラミング言語」が開発され，小学校でのプログラミング教育に取り入れられるようになった。また，センサーやモータなどを搭載したロボットを制御する「フィジカル・コンピューティング」や，コンピュータを使わないでプログラミング的思考を学ぶ「アンプラグドプログラミング教育」が小学校で実践されるようになってきた。これ以降，順に，「ビジュアルプログラミング言語」「フィジカル・コンピューティング」「アンプラグドプログラミング教育」についての簡単な説明と実践事例を紹介する。

（3）ビジュアルプログラミング言語を活用した算数科の実践事例

　ビジュアルプログラミング言語とは，命令が言葉で記述されているブロックをマウスでドラックしてプログラムを組み立てる言語である。代表的なものは，MIT メディアラボで開発された Scratch である。Scratch のプログラミングは，コンピュータへの命令の一つひとつが言葉で記述されているブロック（図10-3の左）をマウスでドラックし組み立てることで，コンピュータが実行する一連の命令群であるスクリプト（図10-3の右）を作成することである。図

図10-3　ブロックとスクリプト　　　　図10-4　正方形の描画

第10章 プログラミング的思考

10-3に示すスクリプトを実行すると，図10-4のように，画面上に表示されるキャラクター（スプライト）が正方形の軌跡を描くことができる。つまり，このスクリプトは，136頁の図10-2で示したLOGOのプログラミング内容と同じであるが，テキストを記述する必要がないため，パパートが考えていたLOGOによる教育が小学校段階において実施可能になったといえる。

Scratchを活用した小学校の算数科の授業は，わが国においてもすでに実践されている。ここでは，2014（平成26）年度から各教科にプログラミングを取り入れている品川区立京陽小学校の実践事例の中から，第6学年の「算数を使って考えよう──素数を探すプログラムを書こう」（2016）を紹介する。授業時数は3時間で，児童はScratchの基本的な操作は習得している。

〈第1時〉
　素数の定義をもとに，児童が手作業で1から100までの素数をワークシート上で探し，その後，1000までの素数を探す方法を考える。次に，プログラミングをするために，Scratchのブロックである変数とリストを児童が理解し，個人活動によって素数を探す方法のプログラム設計をワークシート上で行う。

〈第2～3時〉
　第1時に考えたプログラム設計をグループで共有し，グループの協働作業によってグループのプログラムを作成し，実行した結果が手作業で求めた結果と一致しているかを確認する。次に，完成したプログラムと結果をクラス全体に発表し，自分たちのグループの方法と他のグループとの共通点・相違点等をまとめ，学習の振り返りをする。

プログラミングを使わない授業では，一般的に，教科書に示されている方法（エラトステネスのふるい）をもとに，児童は100までの素数を見つける活動を行う。これに対して，上記のScratchを用いた授業では，児童が自ら「主体的」に素数を探す方法を考え，グループ内で相談しながらプログラムを作成す

る「対話的」な活動と，その結果を検証したりデバッグしたりするコンピュータとの「対話的」な活動を通して，児童は素数についての「深い学び」を行ったといえる。この学びを通して，素数を探すために必要な手順を児童が理解することが大切であるが，単にプログラミング技術による手順だけを理解するのではなく，素数の定義や概念などの数学的な知識に基づいた手順を理解することが重要であると考える。

（4）フィジカル・コンピューティングを活用した算数科の実践事例

　フィジカル・コンピューティングとは，センサー，LED，モータなどを搭載したロボットをプログラムで制御することであり，次世代科学者育成を目指す STEM（Science, Technology, Engineering, and Mathematics）教育の一部として研究・実践されてきた。パパートが LOGO を用いて，ペンを搭載した亀型ロボットに幾何学的図形や絵を描かせる研究・実践が，フィジカル・コンピューティングの始まりといえる（パパート，1982）。大手の玩具会社である LEGO 社は，1998年にレゴブロック，ギヤ，モータを使ったレゴ マインドストーム（LEGO MINDSTORM）を開発し，それを用いた実践が学校現場で行われてきた。しかし，教材費が高価であることや，テキスト入力によるコーディングが難しいといった課題があった。その後，レゴ マインドストームの簡易ロボットとして開発されたレゴ WeDo 2.0 は，距離センサーやタッチセンサーなどの各種センサーが附属され，しかも，Scratch でプログラミングできるようになった。同様に，Sphero 社の教育用ロボット（Sphero SPRK Edition）や，アイエイアイの二輪駆動型ロボット「ミニロボ」など，小型かつ安価で，ビジュアルプログラミング言語を用いて制御できるロボット教材が開発されている。

　フィジカル・コンピューティングを活用した算数科の実践事例は，あまり多くはなく，算数と総合的な学習の時間とを関連させた実践が行われているのが現状である。たとえば，酒井・長谷川（2017）が小学校 5 年生（31名）を対象に行った「プログラマとなってテーマパークの自動運転プログラムを作成」では，テーマパークの規定コースや自由コースに沿って Sphero を移動させるプ

ログラミングの授業が行われた。この授業では，Sphero が移動する距離や回転する角度をプログラムに組み込む必要があり，児童はプログラミングを通して，算数への興味・関心を高めるとともに，算数に関する既習の知識・技能を活用した論理的思考が育成できたことが授業の成果として報告されている。その他，プログラミング教育で先進的な実践を行っている古河市立大和田小学校では，高学年で Sphero やレゴ WeDo 2.0 を活用した算数科のカリキュラムが実施されており，今後の成果が期待される（古河市立大和田小学校，2016）。

（5）アンプラグドプログラミング教育による算数科の実践事例

　アンプラグドプログラミング教育とは，ニュージーランドで開発された教育方法で，コンピュータを使わないで紙と鉛筆等を用いた学習活動を通して，プログラミングの仕組みや概念を習得させるとともに，プログラミング的思考を育成することである。算数の授業では，問題解決後にその過程を振り返り，問題解決の方法をより簡潔・明瞭・的確な手順としてまとめる学習活動が重要である。このため，こういった学習活動の中にアンプラグドプログラミング教育を取り入れることによって，算数における深い学びを実現するとともに，プログラミング的思考を育成することが可能であると考える。

　古河市立大和田小学校では，低学年と中学年にアンプラグドプログラミング教育を取り入れている。ここでは，第3学年の「二等辺三角形をかこう」を紹介する（小林・兼宗，2017）。授業時数は1時間で，授業のねらいは「二等辺三角形の描き方を説明しよう」で，授業展開は次のとおりである。

①二等辺三角形の定義を復習し，ストローを使って作図の仕方を話し合う
②個人活動で二等辺三角形の作図の仕方を考え，その手順をワークシートに記述する
③ペア活動で作成した手順を友達に言葉で伝え，伝えられた児童は手順に従って作図を行うといった確認の活動を行う。正しく描けない場合は，手順の見直しを行う

④ クラス全員で正しい作図の仕方を確認し，本時のまとめを行い，最後に
　個人による振り返りを行う

　この授業では，コンピュータを使ったプログラミングを行っていないが，児
童は最初に，具体物であるストローを操作し他者と話し合う「対話的」な活動
を通して，児童自らが自分なりの手順を「主体的」に探究している。さらに，
ペア活動によって，その手順を検証したりデバッグしたりする「対話的」な活
動を行い，児童は二等辺三角形の作図方法についての「深い学び」を行ったと
考える。この学びを通して，児童が二等辺三角形を作図する手順を理解するこ
とは大切であるが，なぜその手順でよいのかを既習の算数の知識・技能を使っ
て演繹的に考え説明できることが重要であると考える。

引用・参考文献

古河市立大和田小学校（2016）『平成28年度学校視察用資料 教科の中で行うプログラ
　ミング教育』http://owada.koga.ed.jp/ICT教育/#_26（2017年10月14日現在）。
小林祐紀・兼宗進（2017）『コンピュータを使わない小学校プログラミング教育"ル
　ビィのぼうけん"で育む論理的思考』翔泳社。
酒井統康・長谷川元洋（2017）『Sphero を用いた小学校プログラミング学習単元の開
　発』日本科学教育学会研究会報告，117～122頁。
品川区立京陽小学校（2016）『こんなこともできたよ プログラミング京陽編——プロ
　グラミング学習実践事例集』http://school.cts.ne.jp/data/open/cnt/3/956/1/keiyo
　programing.pdf（2017年10月2日現在）。
首相官邸（2016）『産業競争力会議』。
S. パパート，奥村貴世子訳（1982）『マインドストーム——子供，コンピュータ，そ
　して強力なアイディア』未来社。
みずほ情報総研（2016）『IT ベンチャー等によるイノベーション促進のための人材育
　成・確保モデル事業 事業報告書 第2部 今後の IT 人材需給推進モデル構築等
　編』経済産業省。
文部科学省（2014）『諸外国におけるプログラミング教育に関する調査研究』。
文部科学省（2016）『小学校段階におけるプログラミング教育の在り方について（議
　論の取りまとめ）』。
文部科学省（2017a）『小学校学習指導要領』。
文部科学省（2017b）『小学校学習指導要領 解説 算数編』。

第10章　プログラミング的思考

Computing At School（2014）"Computing in the national curriculum: A guide for primary teachers" https://www.naace.co.uk/curriculum/guidance/guidance-for-primary-teachers/（2017年9月23日現在）。

（学習の課題）

(1)　Scratch を用いて，星形正五角形をペンを途中で上げないで一筆書きで描きなさい。さらに，星形正六角形，星形正七角形…を描く活動を通して，すべての星形正多角形は一筆書きが可能であるかどうかを考察しなさい。

(2)　アンプラグドプログラミング教育を取り入れた算数科の授業を設計し，１時間の授業の指導案を作成しなさい。

【さらに学びたい人のための図書】

吉田葵・阿部和広（2017）『はじめよう！プログラミング教育——新しい時代の基本スキルを育む』日本標準。

⇨本書は，プログラミング教育の必修化に対して，小学校教員が抱える疑問や不安を解消することを目的とした入門書である。プログラミング教育の背景にある学習理論，歴史，教師の役割，小学生向けのプログラミング言語の紹介，プログラミング教育を取り入れた実践事例が紹介されている。

利根川裕太・佐藤智（2017）『先生のための小学校プログラミング教育がよくわかる本』翔泳社。

⇨本書は，有識者会議の委員であった利根川氏と，プログラミングについては素人の教育ライターである佐藤氏との共著である。プログラミング教育が目指す方針，小学校で実施するポイント，現場の教員が実施した授業実践例（国語，算数，理科など），地方自治体行政や教育委員会などの取組み，といった幅広い内容が取り入れられている。

（佐伯昭彦）

第11章 算数教育の歴史

この章で学ぶこと

　本章では，日本における明治時代以降の算数教育の歴史について論じる。第1節では明治時代から第二次世界大戦まで，第2節では第二次世界大戦後から現在までについて述べる。歴史を学ぶことを通して，現在の算数教育の目標，指導方法などが，どのような背景から導き出されてきたのかを理解することを目的としている。あわせて，算数教育の歴史を学ぶことは，これからの算数教育のあり方を考えるうえでの羅針盤としての役割を担っている。

1　明治時代から第二次世界大戦までの算数教育の歴史

（1）算数教育の歴史を学ぶ意義

　算数教育の歴史を概観する前に，最初に算数教育の歴史を学ぶ今日的意義について論じることにする。算数教育は，現代社会の変化や子どもの発達の特徴に応じて，常に見直しが図られ改善されなくてはならない。その際，これまでの算数教育の歴史を振り返ることは，今後の算数教育を考えていくうえで，多くの示唆を与えてくれるものである。これまでにも，科学技術の急速な発展に伴う算数教育の高度化の試みや，子どもの生活力の育成を中心とした算数の総合的な扱いなど，時代の変遷に伴い，様々な取組みが行われてきた。ただし，これらの取組みは成果をあげた場合もあれば，そうでない場合もあり，各時代におけるカリキュラム改善の目的，方法，そしてその成果までを理解しておくことは，同じ過ちに陥らないためにも重要である。

　現在の子どもは，情報化，国際化がさらに進む中で，国を超えてより多くの

第11章　算数教育の歴史

多様な人々との協力のもと生きていく必要がある。そうした子どもたちにとって必要な算数教育におけるキーワードは，「基礎学力」「コミュニケーション力」そして「深い学びに基づく創造性」の育成となろう。したがって，算数教育の歴史を，先に掲げた「学力」「コミュニケーション力」「創造性」の視点から捉えなおしてみることは重要である。以下では，文部科学省（文部省）の政策とその背景に加えて，学校教育現場での実践や，算数・数学教育研究の動向について言及していくことにする。

（2）明治時代の算数教育の歴史

1872年，学制が制定され，国家による学校教育が始まった。当時は，欧米で使用されていた教科書がいくつか翻訳され，それらを用いて教育が行われていた。文部省（当時）編纂のものもあったが，それ以外の教科書も並行して用いられていた。

明治時代初期の教科書の代表的なものとしては，1873年から随時発行された文部省編纂の『小学算術書　巻之一〜巻之五』があった。これまでのように珠算を使用せず，筆算を基本とする洋算が中心となっており，江戸時代の珠算を中心とした算数教育とは大きく方向変換した時期であった。ペスタロッチの直観主義（実物を用いて感覚器官を育てる教育）が取り入れられるなど，当時の先進的な教育理論が教科書に反映される時期でもあった。しかし，その後に出された教科書では，数と計算の領域のものが多数を占めていくようになり，幾何の教科書は次第に姿を消していくことになった。また，明治時代の初頭には，筆算中心であったが，次第に珠算も併用されるようになり，珠算用の教科書も発行されるようになった。

欧米諸国の後を追って富国強兵政策のもと，初代文部大臣，森有礼による学制改革（1886），大日本帝国憲法発布（1889），教育勅語発布（1890）と，日本の教育制度は着々と国家による統制をすすめていくことになった。実際，この時期の就学率は，1886年の「小学校令」に学齢児童の就学が父母後見人の義務であることが明記されたこともあって，1890年は49％，1900年は81％，1910年に

145

は約98％と，劇的な増加を示しており，短期間で国家としての教育制度が整っていったことがうかがえる。さらに，教科書疑獄事件（1902）を契機に，国定教科書制度が導入されることになる。

　一方，この時期，小学校算数の内容決定に多大な影響力をもっていた藤澤利喜太郎は，小学校算術の目的を，『算術条目及教授法』（1895，5頁）において，

　　「日用計算ニ習熟セシムルコト・生産上有益ナル知識ヲ与フルコト・日用
　　計算ニ習熟セシムル間ニ於ケル精神的鍛練・多少数理ヲ交ヘ，依ッテ以テ
　　数学思想ヲ養生スル間ニ於ケル精神的鍛練・代数ヲ学ブ階梯予備ニ供スル
　　コト」

と述べるとともに，『数学教授法講義筆記』（1900，64頁）においては，

　　「算術ハ純粋ノ学問ニアラズ」

として，学問と算術の分離を明確に主張した。

　また，数計算においてはドイツのクロネッカーらの影響による「数え主義」を日本流にアレンジしたものを導入した。藤澤は，人間が数えることができるのは，天性によるものであると考えた。そして，1，2，3…と数を順に並べた自然数の系列を重視し，加法などの計算は，それの簡便法として位置づけた。1905年には，藤澤利喜太郎らによって第一期国定教科書『尋常小学算術書』（通称，黒表紙教科書：表紙が黒色のため）が編纂される。藤澤はこの中で，数え主義による数計算中心の算数教育を実現することになる。次頁の図11－1は，第1学年の教師用の教科書の目録（目次）である。目録から，数計算が中心であり，数は20までしか扱わず，また後半部分では，乗除も扱われていることがわかる。図11－2は，『高等小学算術書 第一学年児童用』（1905）（現在の小学校第5学年）の平行四辺形と台形の面積を求める場面である。平行四辺形，台形といった図形が説明もなく登場し，その面積の求め方が示され，いくつかの計算問題がその後に載せられている。

　こうした数と計算中心の内容構成は，その後の第二期国定教科書（1910）においても，若干の項目がつけ加えられたものの，大筋は変わることなく踏襲されることとなる。

第11章 算数教育の歴史

図11-1 『尋常小学算術書』　　図11-2 『高等小学算術書』

明治時代の算数教育の特徴をまとめると，次のようになる。

① 初期は，欧米の様々な教科書が翻訳・紹介され，多様な教科書を用いて，比較的自由な算数教育が展開されていた。数と計算の内容が中心となり，計算ではそれまでの珠算ではなく筆算が採用された

② 中期以降，教育制度が整えられていく中，自由な雰囲気は徐々に規制の方向へと向かうようになった

③ 藤澤利喜太郎は，日本独自の教育内容を構築することの意義を認めつつも，ドイツを範にした算数科の教科書を編纂し，教育内容の一元化を図った

④ 算数科の内容は，厳格な数え主義のもとで数と計算を中心に構築され，幾何教育は，小学校では計量の計算問題の一部として取り上げられるだけであった。第一期，第二期国定教科書は，国家としての教育制度を確立するうえで強力な推進力を担うものであったが，当時の子どもの認識の発達を考慮したものではなかった

147

（3）大正時代から第二次世界大戦までの算数教育の歴史

　1900年以降，欧米で行われた数学教育改造の運動が，1910年以降の日本の研究者らによって学びとられ，それらが少しずつ研究・実践に移されていくようになった。この背景には，国民の生活が安定し子どもの教育への関心が高まってきたこと，また，大正自由教育運動によって，教育のあり方が再度問い直されるようになったことなどがある。その結果，教育を大人の立場からではなく，子どもの側からつくりあげていこうという姿勢が生み出されることとなった。

　こうしたうねりは，当然のことながら算数教育へも波及することになった。1918年より随時改訂が始まった第三期国定教科書では，第5・6学年の幾何の内容として，展開図（求積），拡大・縮小など，図形の性質に関わる内容が加えられた。

　1931年には中等学校の要目改定（幾何入門の採用）がなされ，1935年には第四期国定教科書（緑表紙教科書：表紙が緑色のため）が発行されるようになった。この教科書は，日本の算数教科書史において特筆すべきものであって，その斬新さと内容の充実の度合いは群を抜くものであるといえよう。当時，この教科書の編纂を行った塩野直道は，『数学教育論』（塩野，1970，44〜45頁）の中で，内容の系統をどのように設定したのかについて，次のように述べている。

　　　「論理系統に生活系統を加味し，あわせて心理発展の段階に合致させる。
　　　この系統は教育体系ともいうべきものである。もちろん実際には不十分な
　　　点もあると思うが狙いはここにあったのである」

　つまり，数学，生活，そして子どもの認識という三者を踏まえて教育内容を設定するという，非常にバランスのとれた発想で系統性を構築していった。こうした新たな教科書の作成は，藤澤の思想を根底とした教育からの脱皮を意図したものであった。また，黒表紙教科書が数の分野を極端に重視したのに対して，緑表紙教科書では，数・量・図形が算数教育の中心であるとして，これまでの計算問題中心のあり方を大きく転換することとなった。たとえば，図形については，それまでの計量を中心とした内容から，図形の性質や空間観念など，図形そのものを対象とした内容へと変わっていった。そのねらいについて，塩

第11章　算数教育の歴史

 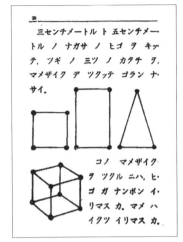

図11-3　『小学算術』第一学年　児童用

野は次のように述べている（1970，45頁）。

「空間に関する方面でも，面積・体積の計算を中心としたのに対して，方向・位置・配置はもちろん形についても見方，観念，考えの進め方，表現のしかた等が豊富に取り入れられている」

それまでの第一期から第三期までの国定教科書（黒表紙教科書）とは明らかに図形の扱いが異なっており，緑表紙教科書は学校教育現場でかなりの関心をもって受け止められた。ただし，実際の使用に際しては，それまでの教科書とのあまりにも大きなギャップのため，教師の間で混乱も生じた。

図11-3は，『小学算術』第一学年の内容である。この図から，図形の性質そのものが考察対象となっていることや，図形の製作活動が取り入れられていることなどがわかる。また，『小学算術』第一学年上の教科書では，文字はまったく用いずにすべて絵だけという，当時としては画期的な試みが行われた。

その後，1929年にアメリカに始まる大恐慌によって，世界中の経済は大きな混乱を来たした。そして，その後の世界的な緊張状態が続き，1939年には第二次世界大戦が開始されることとなった。1941年からの第五期国定教科書（水色表紙教科書：表紙が水色のため）（第1，2学年）では，算数科は理科と総合して理

149

数科となり算数科の内容は『カズノホン』，理科の内容は『自然の観察』となった。配当時間は算数科と理科を合わせて週5時間で，季節に合わせて適宜バランスを調整して行うというものであった。第3学年以降は，理科と完全に分かれており，『初等科算数』という教科書を用いた。算術に変わって算数という語が登場することになった。

　当時の算数科では，理科との結びつきを強めた数理科学的な思想の重視と，日常生活に役立つ実測・実験重視の姿勢が見てとれる。これには，戦争による科学技術教育の早期徹底という意図が一方で潜んでいたとも考えることができる。「ピタゴラスの定理」という言葉が不適切である（敵国語を用いている）ということで，「三平方の定理」という言葉が考え出されたのもこの時期であった。

　大正時代から第二次世界大戦までの算数教育の特徴をまとめると，次のようになる。

① 大正時代は，子どもの認識の発達が少し重視されるようになり，幾何などの内容が取り入れられるようになったが，数と計算の扱いは，依然，藤澤利喜太郎の思想が継承された

② 昭和時代は，子どもの認識の発達が重視され，それに見合った教科書の作成が行われた。内容は，計算問題ばかりではなく，数と量と図形をバランスよく配置したものであった

③ 算数の目標は，数理的思想の育成とし，それまでの「算術に理論なし」という発想を否定した

④ 理数科という教科の「総合」という流れは，戦争へとつながるファシズムの影響を少なからず受けたものであった

2 　第二次世界大戦後の算数教育の歴史

（1）「新教育」から「数学教育の現代化」前までの算数教育の歴史

　1945年以降，アメリカの先導によって，日本では「新教育」が実施されるよ

第11章 算数教育の歴史

表11-1 算数・国語・社会科の学習時間（1947年）〔年間総時間数（週あたり時間数）〕

	1学年	2学年	3学年	4学年	5学年	6学年	合　計
算　数	105(3)	140(4)	140(4)	140〜175 (4〜5)	140〜175 (4〜5)	140〜175 (4〜5)	805〜910 (23〜26)
国　語	175(5)	210(6)	210(6)	245(7)	210〜245 (6〜7)	210〜280 (6〜8)	1260〜1365 (36〜39)
社　会	140(4)	140(4)	175(5)	175(5)	175〜210 (5〜6)	175〜210 (5〜6)	980〜1050 (28〜30)
総時数	770(22)	880(24)	875(25)	980〜1050 (28〜30)	1050〜1190 (30〜34)	1050〜1190 (30〜34)	5605〜5955 (159〜169)

出典：学習指導要領（1947）による。

うになった。それまでの軍国主義，国粋主義が廃止され，アメリカからの民主主義が急速に浸透するようになる。1946年3月に出されたアメリカからの第一次教育使節団の報告書に始まり，1947〜48年にかけての新教育の講習会，1947年の学習指導要領試案，1948年には改訂学習指導要領など，立て続けに施策が実行されその骨格が整えられていった（横地，1998）。

1947年に出された学習指導要領では，算数科・国語科・社会科の時間配当は表11-1のように示された。国語科と社会科は全学年を通して配当時間が多いが，それに比べて算数科の時間数は少ない。この時期，社会科は単元学習の際のコア（中心）となる教科とされ，それ以外の教科は周辺教科とされたためである。また当時の教科書については，1947年に国定教科書として最後の第六期国定教科書が発行される。これは，第五期国定教科書と大きな違いはみられないが，生活場面を多く取り入れている点が特徴である。しかし，2年後の1949年度には，小学校第4学年に『小学生のさんすう』を新しく編集するとともに，これまでの『さんすう　一』（第1学年用）は『さんすう　二』（第2学年用）と改められ，以下順次学年をずらし，4年生は上記の『小学生のさんすう』に変わった。いわゆる1年ずつの「足踏み」が行われたのである。同時に，この年から教科書の国定制度が廃止され検定制度が行われることとなった。

新しく編纂された『小学生のさんすう』（第4学年：3冊本）の内容をみると，大項目として「課」があり，その課の中の「単元」があるという構成であった。

図11-4 『小学生のさんすう』第4学年用1

各課は算数科の内容項目を示しているものの、単元名は、「遠足のしたく」、「ならびかた」など、すべてが生活場面の内容を示していた（図11-4）。各単元では、最初に解決すべき課題が示され、その解決のために使用される算数の内容を学習するというものであり、教育内容の系統性や発展性はあまり考慮されず、算数科が問題解決のための道具や方法であるとの位置づけが強調されるものであった。

一方、敗戦後の日本では、若手の教師や研究者が中心となり、試行錯誤を繰り返しながら、日本の子どもに見合った新たな数学教育のあり方を構築する動きが始まっていた。そして、1950年代初頭には、小倉金之助、遠山啓、横地清らによって、民間教育団体として結実していくことになる。

この時期は、アメリカと文部省（当時）を中心とする理念を重視した「新教育」の流れと、その一方で、日本の研究者・実践者による地道な研究とが併存することになった。当時、学習指導要領が試案であり、法的拘束力をもたないものであったということも、両者の併存を可能とした1つの要因であったが、それにもまして、新しい教育を自分たちがつくり出そうとする力強い運動が、このことを可能にしたといえるであろう。

第11章　算数教育の歴史

表11-2　算数・国語・社会科の学習時間（1958年）〔年間総時間数（週あたり時間数）〕

	1学年	2学年	3学年	4学年	5学年	6学年	合　計
算　数	102(3)	140(4)	175(4)	210(6)	210(6)	210(6)	1047(29)
国　語	238(7)	315(9)	280(8)	280(8)	245(7)	245(7)	1603(46)
社　会	68(2)	70(2)	105(3)	140(4)	140(4)	140(4)	663(19)
総時数	816(24)	875(25)	945(27)	1015(29)	1085(31)	1085(31)	5821(167)

出典：小学校学習指導要領（1958）による。

　さらに，1951年には，国立教育研究所の久保舜一らのグループと日本数学教育会のグループが相次いで学力調査を実施する。また，翌年には日本教職員組合や文部省（当時）までもが学力調査を行い，新教育の是非を問うまでになっていた。このように，官民が一体となって，新教育の問題点を指摘し，その矛盾を「客観的なデータ」によって明らかにしようとするようになったのである。

　同年，学習指導要領改訂がなされたが，上記のような新教育の問題点を指摘する時期に差しかかっていたとはいえ，大きくは新教育の流れを汲むものであった。ただし，各教科の時間配当の規制は大幅に緩和されることとなった。

　国際的な視点からみると，日本は，1950年からの朝鮮戦争による特需景気などによって，日本は経済的に驚異的な復興を示すとともに，1956年には国際連合の加盟国の一員となるなど，国としての機能を徐々に取り戻すようになった。1950年代初頭に相次いで旗揚げされた民間教育団体は，個人レベルでの研究を組織化していくことで，さらに内容を充実・発展させていこうという気運の高まりの具体的な姿でもあった。

　その一方で，1958年には法的拘束力をもった学習指導要領が告示されるようになった。1957年度より教科書の無償化が実施されるようになったが，翌年には，教科書の採択制度の規定と教科用図書の発行者の条件の項目が加えられた。文部省（当時）は教科書を無償にすることと引き換えに，学校で用いる教科書の内容に関与することが可能となったのである。この学習指導要領では，算数科の時間は表11-2のように設定された。

　1947年の学習指導要領の時間配当（151頁の表11-1）と比較すると，第3学

年以降の各学年の算数科の時間は大幅に増えていることがわかる。戦後，社会科を中心に構成された新教育の流れは，1958年の学習指導要領によって，大きく方向転換することになった。算数科においては，系統性の重視が大きく打ち出されるとともに，内容は，数と計算，量と測定，数量関係，図形の4つの領域に整理された。その内，数量関係は，新しく登場したものであり，割合・式・公式・表・グラフから構成された。

「新教育」から「数学教育の現代化」前の時期の算数教育の特徴をまとめると，次のようになる。

① 新教育は，戦後の荒廃した日本において従来の教師主導型から子ども中心型への移行，および教育内容が各教師の裁量に大きく任されているという自由度の高い教育であった

② 新教育がアメリカからの影響を多分にもったものであり，日本の実情に即したものとしてつくられたものではないため，教育現場での矛盾が生じてくるようになった

③ 民間教育団体が相次いで旗揚げされ，教育を教育現場に携わる教員が自らの手でつくり上げるということが行われるようになった

④ また，学習指導要領に法的拘束力がつき，各学年で指導する教育内容が，明確に規定された。これは，教育の最低基準を示すうえでの効果もあったが，一方で教員の創意工夫を制限することになった

（2）「数学教育の現代化」から「ゆとりの学習」までの算数教育の歴史

1960年以降，科学技術の急速な発展と国際的な競争の激化などの要因が重なり，世界的に理数教育の高度化が図られるようになった（Bruner, 1961）。その結果，数学教育では，現代数学の成果を積極的に数学教育に取り入れ，精選化と高度化が推進された。これを「数学教育の現代化」という。

日本の数学教育の現代化について，文部省（当時）が実際に動き出したのは，

第11章　算数教育の歴史

表 11 - 3　算数・国語・社会科の学習時間（**1968年**）〔年間総時間数（週あたり時間数）〕

	1学年	2学年	3学年	4学年	5学年	6学年	合　計
算　　数	102(3)	140(4)	175(5)	210(6)	210(6)	210(6)	1047(30)
国　　語	238(7)	315(9)	280(8)	280(8)	245(7)	245(7)	1603(46)
社　　会	68(2)	70(2)	105(3)	140(4)	140(4)	140(4)	663(19)
総時数	816(24)	875(25)	945(27)	1015(29)	1085(31)	1085(31)	5821(167)

出典：学習指導要領（1968）による。

1964年のことである。この年，アジア財団の援助でアメリカの委員の2人が来日し，これをきっかけに日本での数学教育の現代化が始まった。1968年からは，順次，小・中・高等学校の学習指導要領が出された。この学習指導要領では，算数の時間は表11 - 3のように設定された。

この表をみると，1958年の学習指導要領の時間配当（153頁の表11 - 2）と時間数は同じである。しかし，現代数学の内容，とりわけ集合論を中心としたものを随所に取り込むというものであった。

アメリカでは，すでに1960年代後半には学習についていけない子どもの激増の問題，人種間の学力保障に関わる格差の問題など，数学教育の現代化の矛盾が噴出しはじめていた。日本でも1970年代より学習内容が理解できない子どもが数多く見られるようになり，暴力や非行，中退など，学校教育現場の退廃へとつながることになった。いわゆる「落ちこぼれ」「校内暴力」である。しかし，学習指導要領は，年間で指導すべき内容を明確に示しており，子どもの実情に応じた教育へとすぐさま改善することが不可能であったため，数学教育の現代化の問題はより深刻化してしまった。

その後，日本においては，1977年に学習指導要領が改訂された。数学教育の現代化の反省を踏まえ，「ゆとり」と基礎・基本が大きなキーワードとなり，教育内容の精選と「ゆとりの時間」などの設置が行われた。この学習指導要領では，算数科の時間は次頁の表11 - 4のように設定された。

算数科では前回と比較して，第1・2学年はそれぞれ週1時間増加しているものの，第4～6学年はそれぞれ週1時間減少している。また，社会科はトータ

表11-4　算数・国語・社会科の学習時間（1977年）〔年間総時間数（週あたり時間数）〕

	1学年	2学年	3学年	4学年	5学年	6学年	合　計
算　数	136(4)	175(5)	175(5)	175(5)	175(5)	175(5)	1011(29)
国　語	272(8)	280(8)	280(8)	280(8)	210(6)	210(6)	1532(44)
社　会	68(2)	70(2)	105(3)	105(3)	105(3)	105(3)	558(16)
総時数	850(25)	910(26)	980(28)	1015(29)	1015(29)	1015(29)	5821(166)

出典：学習指導要領（1977）による。

ルで100時間以上減少していることがわかる。1958年，1968年に設定された教科の学習時間は，ここへ来て，減少の動きとなっていった。そして，この傾向は，その後の「生きる力」をキーワードにする学習指導要領にまで続くこととなった。

「数学教育の現代化」から「ゆとりの学習」の時期における算数教育の特徴をまとめると，次のようになる。

> ① 「数学教育の現代化」は，教育内容を大幅に改造するという特徴を有していたが，子どもの認識の発達から考案されたものではなく，経済界，冷戦構造を基盤とした国家間の競争をもとにしたものであった
>
> ② 日本にあっては，数学教育の現代化により，子どもに過度の負担を強いることになったため，学校の退廃を引き起こす要因となった
>
> ③ 国内外において，学習についていけない子どもの急激な増加，校内暴力をはじめとする学校内での荒れの問題によって，数学教育の現代化が反省され，教育を子どもの側から捉えていこうとする動きが見られるようになった
>
> ④ 現代数学を大胆に導入したこと自体も見直されるようになり，現代数学を算数教育から排除するという発想が生じることとなった

（3）「自己教育力」から「算数的活動」までの算数教育の歴史

1989年には学習指導要領が改訂され，基礎・基本のさらなる重視とともに，

第11章　算数教育の歴史

表 11-5　算数・国語・社会科の学習時間（**1989年**）〔年間総時間数（週あたり時間数）〕

	1学年	2学年	3学年	4学年	5学年	6学年	合　計
算　数	136(4)	175(5)	175(5)	175(5)	175(5)	175(5)	1011(29)
国　語	306(9)	315(9)	280(8)	280(8)	210(6)	210(6)	1601(46)
社　会			105(3)	105(3)	105(3)	105(3)	558(16)
総時数	850(25)	910(26)	980(28)	1015(29)	1015(29)	1015(29)	5821(166)

出典：学習指導要領（1989）による。

個性の尊重，「自己教育力」の育成，国際理解教育の充実などが指摘された。第1，2学年では理科・社会科を廃止し，それに代わって生活科が新設された。また，一般社会の働き方の構造改革に伴い，随時，土曜日を休日にするようになった。暗記中心のこれまでの詰め込み教育という方針を見直し，子どもの学ぶ意欲や，創造力の育成を重視した教育へと修正していくこととなった。この学習指導要領では，算数科の時間は表 11-5 のように設定された。

　1990年代後半以降，インターネットに代表される情報通信技術の普及により，様々な「情報」が，昼夜を問わずして地域や国境を超え「個人間レベル」で自由に飛び交うようになった。そのことは，「集団」よりも「個」を重視する傾向を強め，いじめ，自死に加えて，不登校，学級崩壊などの問題を顕著化させた。

　上記の社会状況の中，1998年には学習指導要領の改訂がなされた。この学習指導要領では，「生きる力」がキーワードとなり，大幅な変更が行われた。完全学校週5日制の実施，小学校第3～6学年における週約3時間程度の「総合的な学習の時間」の新設，各学校の創意工夫を生かした特色ある教育の実施，情報機器の積極的な活用などである。これらは目標を失いつつある子どもたちに，各教科の学習を通して生きることへの目標を再度復活させるための努力でもあった。この学習指導要領では，算数科の学習時間は次頁の表 11-6 のように設定された。

　総合的な学習の時間の新設と，各学年の学習総時間の減少によって，国語科，算数科，社会科とも，かなりの時間数が削減された。また，各学年の教科の学習時間数が，1年を通して週に4時間というように固定化されずに，学期や月

表11-6　算数・国語・社会の学習時間（**1998年**）〔年間総時間数（週あたり時間数）〕

	1学年	2学年	3学年	4学年	5学年	6学年	合　計
算　数	114(3.4)	155(4.4)	150(4.3)	150(4.3)	150(4.3)	150(4.3)	869(25)
国　語	272(8)	280(8)	235(6.7)	235(6.7)	180(5.1)	175(5)	1601(46)
社　会			70(3)	85(3)	90(3)	100(3)	558(16)
総時数	782(23)	840(24)	910(26)	945(27)	945(27)	945(27)	5367(154)

出典：学習指導要領（1998）による。

によって時間割が異なる流動性のあるものとして設定された。

　算数科の内容でいえば，これまで第6学年で学習してきた，線対称・点対称，拡大・縮小などの図形の領域が，すべて中学校へ統合されるなどの改訂が行われた。量と測定の領域も同様の措置が取られた。時間数は15％の減少にとどまったものの，教育内容は30％減少するという大幅な削減が行われた。

　こうした大幅な改訂の動きに対して，経済界，学界などからの「学力低下」を心配する批判が最高潮となり，学校現場に大きな混乱と不信感を募らせる結果となった。

　「学力低下」批判を受け，全国学力・学習状況調査が開始された直後，2008年度には学習指導要領の改訂がなされた。その要点としては2点あり，1点目は，「算数的活動」の位置づけがより強化されることとなったことがあげられる。2点目は，「表現する能力」という文言が加わり，思考活動に加え，発表・発信・交流する能力の育成に重点が置かれるようになったことである。

　また，前回の改訂で削減された30％程度の教育内容は，およそ復活が図られることとなった。

　「自己教育力」から「算数的活動」の時期の算数教育の特徴をまとめると，次のようになる。

① 土曜日の休日が徐々に増加し，授業時間数が減少していくこととなった

② 学習内容はより精選され，自ら学ぼうとする「自己教育力」の育成が重視された

第11章　算数教育の歴史

③「総合的な学習の時間」などが新設される中，算数の教育内容や授業時間数の大幅な削減が行われたが，「学力低下」批判が生じるようになった

④「学力低下」批判に対応するかたちで，教育内容の復活が図られる中，「算数的活動」と「表現する能力」が重視されるようになった

　本章では，日本の算数教育の歴史について，その概要を解説した。算数教育が各時代の動向やニーズのもと，どのように変化してきたのかといった，歴史の大きな流れを理解したうえで，これからの算数教育の向かうべき方向を考える視点が重要である。

　［付記］
　　本章の一部は，黒田恭史編著（2010）『初等算数科教育法――新しい算数科の授業をつくる』「第2章　算数教育の歴史」ミネルヴァ書房（13〜35頁）をもとに，修正を行ったものである。

引用・参考文献

塩野直道（1970）『数学教育論』啓林館。

藤澤利喜太郎（1895）『算術条目及教授法』丸善・三省堂。

藤澤利喜太郎（1900）『数学教授法講義筆記』大日本図書。

文部科学省（2008）『小学校学習指導要領』東京書籍。

文部科学省（2008）『小学校学習指導要領解説 算数編』東洋館出版社。

横地清（1998）『新版　21世紀への学校数学の展望』誠文堂新光社。

Bruner, J.S. (1961) The Process of Education, Harvard University Press.；鈴木洋蔵・佐藤三郎訳（1963）『教育の過程』岩波書店。

学習の課題

(1)　各時代の算数教育の特徴について，当時の社会背景，国際関係などを踏まえながら記述しなさい。

(2)　明治時代と現在の算数教育を比較し，その共通点と相違点を整理して記述しなさい。

【さらに学びたい人のための図書】

松宮哲夫（2007）『伝説の算数教科書"緑表紙"——塩野直道の考えたこと』岩波書店（岩波科学ライブラリー）。

⇨本章でも取り上げた「緑表紙教科書」に関する，成立の背景，当時，画期的であった思想，そして現代的意義について，史実をもとに解説している。

小倉金之助（2015）『数学教育史——一つの文化形態に関する歴史的研究 1932年発行』インプレス R&D。

⇨数学教育史を科学的方法によって分析した，日本における数学教育史の草分け的書物（復刻版）である。日本の数学教育がどのような歴史的変遷を経て，今日に至っているのかを解説している。

（黒田恭史）

第12章 学習指導案

この章で学ぶこと

　学習指導案は，授業を行うにあたっての計画をまとめたものといえる。学習指導案の作成は，よりよい授業を行うための１つの方法であるだけでなく，教師自身の自己研鑽や学びにもつながるものである。本章では，算数科の学習指導案にはどのようなことを記述するのか，作成にあたって留意すべき点はどのようなことかについて学んでいく。

　　　1　学習指導案とは

（1）学習指導案の作成の意義

　学習指導案とは，１つの単元や授業を行うにあたっての計画表である。何の単元を，どのようなねらいのもと，何時間の計画で行うのか，この単元にはどのような内容が含まれ，どのような児童に，どのような手立てで授業を行うのかなどを記述する。授業の目的，授業の展開，具体的な教師の発問や予想される児童の反応，板書計画などについても記述する。

　学習指導案の作成に際しては，扱う学習内容が算数科全体の中でどのような位置づけで，どのような系統性をもっているのかを確認しておく必要がある。また，児童の理解や到達度などの現状を把握したうえで，本単元や授業を通してどのような力を育成するのかを具体的に考えることが求められる。さらに，それらを何時間でどのような方法を用いて教えることが効果的であるのかを検討することも必要となる。学習指導案の作成は，よりよい授業を行うひとつの方法であるとともに，教師自身に児童や学習内容のより深い理解を求められる点において，研鑽や学びにつながるものであるといえる。

161

（2）学習指導案の例

　算数科の学習指導案として，教育委員会や学校ごとに統一した形式をもっている場合もあるが，全国的に確定した形式があるわけではない。ただし，記述する項目は，単元目標，教材観，児童観，指導観，本時の展開など，おおむね共通しており，その点では一定の形式があるといえる。下記は，第4学年の分数の単元における学習指導案の一例を示したものである。

算数科学習指導案

指導者：○○○○

1．日時　○○年○月○日○曜日　第○校時

2．学年・組　第4学年1組　30名

3．場所　第4学年1組教室

4．単元　分数

5．単元目標

　【知識・技能】

　　1を超える分数を仮分数と帯分数の両方で示すことができる。

　　仮分数，帯分数を含む同分母同士の分数の加法・減法の計算ができる。

　【思考・判断・表現】

　　複数の分数を比較して，大小を判断することができる。

　　真分数，仮分数，帯分数を判断することができ，違いを説明できる。

　【主体的に学習に取り組む態度】

　　分母と分子の数字が異なる同じ大きさの分数を複数あげることができ，それらの分数の関係について特徴を見つけることができる。

6．指導計画（全7時間）

　　第1次　1より大きい分数

　　　第1時　1より大きな分数の表現

　　　第2時　真分数と仮分数とは

　　　第3時　帯分数と仮分数による分数表記

　　第2次　分数の加法・減法

　　　第1時　真分数と仮分数が入った同分母同士の加法・減法（本時）

　　　第2時　帯分数が入った同分母同士の加法・減法

第12章　学習指導案

　　第3次　等しい分数
　　　第1時　表現方法の異なる同じ大きさの分数
　　第4次　まとめ
　　　第1時　分数の表現や特徴のまとめ，練習問題

7．教材観

　分数については，第2学年で，2等分した1つ分を$\frac{1}{2}$と表すことや，さらにそれを2等分すると$\frac{1}{4}$になることなどを，主に具体物を用いながら学んでいる。また，第3学年においては，それらを素地にして，分母・分子の用語も用いながら，分数が単位分数（$\frac{1}{2}$，$\frac{1}{3}$などの分子が1の真分数）のいくつ分かで表されることも学習している。さらに，同分母分数同士の大小の判断や，1を超えない範囲での同分母同士の加法・減法についても学習を行ってきた。

　本単元では，こうした学習をもとに，1より大きな分数を，仮分数，帯分数の用語を用いて学んでいく。まずは，真分数，仮分数，帯分数の用語を理解したうえで，仮分数を帯分数に，帯分数を仮分数に表すことができるようにすることをねらいとしている。仮分数を帯分数に直すことは，数値のおおよその大きさ（整数部分）を把握できるよさがあることから，分数の量感の育成にもつなげたい。

　次に，この活動を踏まえて，真分数，仮分数，帯分数が入った同分母同士の加法・減法の計算をできるようにすることがねらいである。数式における数字の操作に終始せず，単位分数がいくつ分かを手がかりに，テープ図や数直線も用いて（166ページの板書計画参照），分数の加法や減法を理解させたい。

　さらに，分数には数字が異なる同じ大きさを表す分数があること（$\frac{1}{2}$，$\frac{2}{4}$，$\frac{4}{8}$など）を学び，具体的にそれらの数字をあげられるようになることもねらいとしている。分子と分母が何倍になっているのかなど，分数同士の関係性を考察する学びにもつなげたい。

　分数は，今後，第5学年，第6学年でも学習する内容である。とりわけ，同分母同士の加法と減法や，分母と分子の数字が異なる同じ大きさの分数表現は，第5学年で学習する通分や異分母分数の加法・減法につながるものであることから，十分に定着させておきたい。

8．児童観

　算数科の授業において，本学級の児童は積極的に挙手や発言をして授業に参加している。互いに認め合う雰囲気があるため，間違うことに抵抗感をもつ児童は少なく，特定の児童ばかりが発表を行うことはほとんどない。ただし，短い答えなら自信をもって答えられるものの，自身の解き方や考え方を順序立てて説明することについては，苦手意識をもつ児童もみられる。とくに，教室の前に出て，ノートや黒板を使いながら自身の

163

考え方をわかりやすく発表することに難しさを感じている児童がおり，この点は，得意とする児童と苦手意識をもつ児童との差が大きい部分である。

本単元「分数」に関わってレディネステストを行ったところ，○等分した△個分を$\frac{△}{○}$の分数で表記できることは，全員が理解していた。また，同分母分数同士の大小の判断と，1を超えない範囲での同分母分数同士の加法・減法は，9割以上の児童が正答できていた。数名の児童は分母同士，分子同士をたしたりひいたりする誤答をしていたが，復習を行うことで，正しい理解に至っている。基本的な分数の大小判断や計算能力は，概ね定着しているといえる。

しかし，数直線上で分数を表して比較することや，大小判断の理由，計算方法の説明を行うことについては，不十分な児童が3割程度みられた。分子の数値に着目した大小判断や，数式における数字の操作（計算）は定着しているものの，分数の量感を伴った理解に課題があるといえる。

9．指導観

本単元で，真分数，仮分数，帯分数の用語を新しく学習するため，まずは，1を基準にして，分母と分子の大きさにも着目させながら，それぞれの分数を正しく理解させたい。数直線上での分数の比較に課題がある児童が一定数いることから，数直線を用いて分数を確認することも重視する。

これらを踏まえて，次は，仮分数を帯分数に，帯分数を仮分数に表すことを扱っていく。量感を伴った理解が不十分な児童もいることから，指導にあたっては，数値の形式的な操作とならないよう，分数の量感を身につけられるように留意する。仮分数が1以上であるということにとどまらず，帯分数に直したときに整数部分がいくつになるのか，また逆に，帯分数を仮分数に直したときに分子はどれぐらい大きくなるのかを意識させたい。あわせて，それらを数直線で確認しながら，大きさの実感を伴わせたい。

真分数，仮分数，帯分数が入った同分母同士の加法・減法の計算についても，数式での形式的な操作に終始しないよう，テープ図や数直線を用いて計算過程を考えさせることが大切になる。

自身の解き方や考え方を順序立てて説明することに苦手意識をもつ児童もいることから，教師が手順をわかりやすく提示することで，解き方の過程を明確化していく。これらを手がかりに，接続詞の効果的な利用も促しながら，児童が自身で計算方法の順序だった記述ができるようにつなげていきたい。

さらに，分母・分子の数字が異なる同じ大きさを表す分数についての学習は，分数の中でも理解が難しいとされる内容の1つであることから，指導に際しては，分数での表現と数直線上での大きさを確認しながら進めていく。児童自身が，具体的に複数の分数を表現できるように練習を繰り返す必要がある。また，それらの分数同士を見て，「分

第12章　学習指導案

母と分子に同じ数をかければ同じ大きさの分数になる」などの法則を自身で発見・説明できるように，分数同士の関係にも着目させたい。

10.　本時（全7時間中第4時）

　　(1)　本時の目標

　　　　仮分数を含む同分母の分数の加法・減法ができる

　　(2)　本時の展開

過程	児童の学習活動 （■：活動，・：答え）	教師の発問・指示 （●：発問や指示，○：留意点）	教材・ 教具など
導入（7分）	■各自で内容を思い出し，わかれば挙手をする ・分母と分子の大きさによって決まっている ・真分数は，1より小さい ・仮分数は，1に等しいか，1より大きい ・帯分数は，整数と真分数の和 ・帯分数は，仮分数にできる ■黒板の数直線を見ながら，$\frac{1}{3}+\frac{1}{3}$の答えとその理由を考える ・$\frac{2}{3}$ ・$\frac{2}{6}$ ・数直線で表すと，$\frac{1}{3}$が2こ分なので，$\frac{2}{3}$になる	●真分数，仮分数，帯分数は，それぞれどのような分数でしたか ○わからない児童には，ノートを見るように助言する ○前々回の授業で用いた各分数の説明をまとめた教材を提示し，全員で復習・確認する ●3年生では，真分数と真分数のたし算やひき算をしました。$\frac{1}{3}+\frac{1}{3}$は，いくつになりますか。理由も説明しましょう ○全員につまずきがないかを確認する。レディネステストで，分母同士・分子同士を計算する誤りを行った児童にはとくに留意しておく	前々回の授業で用いた教材 数直線
展開（33分）	■プリントに1目盛りの数値を書き込む ・$\frac{1}{5}$ ・1を5等分した1こ分だから	●今日は，仮分数を使ってたし算とひき算を考えていきましょう めあて：仮分数を使ってたし算，ひき算をしよう ●まず，$\frac{4}{5}+\frac{3}{5}$の計算方法を，数直線を使って考えます 数直線の1目盛りはいくつですか （中略）	プリント 数直線
まとめ（5分）	■各自がノートに振り返りを記入する。 ・仮分数がでてきても，テープ図と数直線で，たし算とひき算を考えることができる ・分母が同じなら，分子同士を計算すればよい	●振り返りをしましょう。めあてを見直して，今日できたことやわかったことなどを書きましょう	

165

11. 板書計画

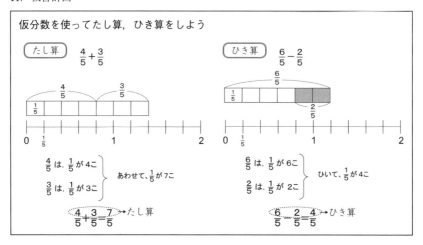

2　学習指導案における各項目の内容と留意点

　学習指導案は，上述のとおり，確定した形式があるわけではない。また，各項目における具体的な記述内容や分量も，規定されたものがあるわけではなく，作成にあたっての留意点やポイントについても，教育委員会や学校，教員によって考え方は様々である（京都府総合教育センター，2012）。そのため，初めて算数科の学習指導案を作成する場合，教育実習に向けて学習指導案を構想する場合などには，どのように書き進めるべきかについての拠り所がなく，困難が伴うと考えられる。そこで，以下では，学習指導案の作成の指針となるよう，学習指導案における主要項目の具体的内容と留意点について，述べていくこととする。

（1）単元目標
　単元目標は，児童の理解や到達度の実態を踏まえて，1つの授業の目標ではなく，単元全体を通して児童に身につけさせたいこと，達成させたい目標を述べる。この目標が，授業で扱う内容や，教え方・学び方の方向性を左右するた

第12章　学習指導案

め，明確な見通しをもって設定する必要がある。単元が終わった際に，児童に
どのような力がついてほしいのか，どのようなことができるようになっていて
ほしいのかを想定して，具体的に記述することが重要である。そのためには，
行為動詞（第2章の第2節を参照）の考え方を用いて目標の動詞を明確化するこ
とが有用である。

〈「単元目標」作成のチェックポイント〉

□　児童の実態を踏まえて設定できているか

□　単元全体を網羅しつつも，同じ内容になっている目標がないか

□　行為動詞の考えを用いて，より具体的に設定できているか

□　行為動詞の種類をバランスよく用いて設定できているか

（2）教材観

　教材観では，本単元で扱う内容の詳細や学習のねらいを述べる。

　具体的には，まず，本単元が既習内容とどのようなつながりがあるのか，児
童はこれまでにどのような学習をしてきており，どのような学びのもとに今回
の学習に臨むのかを記述するとよい。

　次に，これを踏まえて，今回扱う内容の説明と学習のねらいを述べる。ねら
いは，単元目標と方向性が一致しているかを確認しておく。また，可能であれ
ば，数学的な深まりや現実事象との関連などにも触れる。

　最後は，この学習が次にどのような単元につながるのかにも言及し，算数・
数学科における系統性の位置づけを明確化できるとよい。

〈「教材観」作成のチェックポイント〉

□　関連する既習単元で，どこまで学習しているのかを明確化しているか

□　単元目標に対応しているか（単元目標が本単元のねらい）

□　学習後の到達点を踏まえ，関連する次の単元での連結に言及しているか

167

□ 「児童の～に対する意識を高めたい」「～を児童に感じさせたい」など抽象的な表現は避け，具体的に述べているか

（3）児童観

児童観では，学級の様子や本単元に関わる児童の学力実態を述べる。

具体的には，まず，日常の学級の雰囲気，算数科の授業時の様子を述べるとよい。教科によって，児童の授業への取組み方には違いがみられることが少なくないため，普段の様子のみならず，算数科における普段の授業の様子を述べることが大切である。良い点，課題のある点の双方に触れられるとよい。また，学級集団としての様子・雰囲気のみならず，児童個々人（小集団）にも目を向け，学級に複数の特徴があればその点についても言及しておく。

次に，本単元に関わる既習単元について（教材観での記述内容と対応させて），児童はどのような点は十分に達成できているのか，どのような点に課題や苦手意識があるのかなどを記述する。記述にあたっては，「計算は得意だが，文章問題は苦手である」といったような大まかな内容は避け，「除法の立式について，等分除よりも，包含除に課題がある」など，できるだけ詳しく記述するように心がける。

また，診断的評価として，児童の認識調査やレディネステストなどをすでに実施した場合は，その結果にも言及しておくと児童の実態がわかりやすくなる。

〈「児童観」作成のチェックポイント〉
□ 算数科の授業における児童の様子を記述できているか
□ 学級集団としての雰囲気のみならず，児童個々人にも目を向けた記述ができているか
□ 本単元にどのような力が必要かを考え，既習の関連単元における児童の学力について，身についていること，十分でない点それぞれについて具体的に述べられているか

第12章　学習指導案

（4）指導観

　指導観では，教材観や児童観を受けて，どのように，あるいはどのような点に留意や工夫をしながら指導を行うのかを述べる。

　具体的には，まず，教材観で述べた目標を達成するために，どのような授業を実施するのかを述べるとよい。とくに，児童観で述べた児童の状況を踏まえて，どのような工夫や留意を行うのかを記述する。あわせて，それらの方法を用いる理由や利点にも触れておく。

　また，児童のつまずきとしてどのような点が想定されるかについても述べておくとよい。つまずきが生じた際にどのような指導を行うのか，あるいは，事前にどのような点に留意しておくのか，どのような手立てをとっておくのかについての考えも記述しておく。

　さらに，本単元に直接的に関わる内容のみならず，発表する力や説明する力などの算数科をとおして身につけさせたい力についても，児童観で言及した内容を踏まえて指導や工夫を述べておくのもよい。

　指導観における指導上の工夫や留意点を述べる際には，いずれについても，補助プリントの作成や机間指導などの技術的な面に偏らず，算数・数学の内容について触れるようにすることが重要である。また，できる限り授業前からわからない児童に対して机間指導で対応することを想定せず，そのような児童がでないような授業を構想することが必要となる。

〈「指導観」作成のチェックポイント〉

□ 教材観でのねらい，児童観での児童の実態を受けて，どのような授業をするのかを記述できているか

□ 授業の工夫について，その具体的な方法と，それを用いる理由（利点）を述べられているか

□ 児童のつまずきを想定して，指導や留意点を述べられているか

□ 技術的な面（例：プリントをつくる，机間指導をする）に偏らず，算数・数学の内容に踏み込んだ記述もなされているか

169

□ わからない児童には机間指導で対応すればよいと済ませず，できる限りそのような児童がでない授業づくりが考えられているか

（5）本時の目標・本時の展開・板書計画

　本時の目標は，今回実施する一授業における目標を述べる。単元の中での位置づけを踏まえ，本授業をとおして児童が何をできるようになればよいのか考えて，明確な目標を設定する。単元目標と同様に，行為動詞の考え方を用いて目標を明確化するとよい。

　本時の展開では，授業における具体的な進め方や内容を，児童の活動や予想される答え，教師の発問を含めて記述する。授業の構想にあたっては，本時の目標に基づいて，児童全員が目標を達成できるよう，明確な方向性をもった授業を考えることが重要である。

　授業は，「導入」「展開」「まとめ」の3段階に設定されることが多い。それぞれには，予定の時間（○○分）を書き入れておく。展開がメインとなるよう，導入は長くなり過ぎないように留意する。また，内容については，本時の目標を児童向けに書き換えた「めあて」を，はじめの段階で児童と共有し，最後には振返りの時間を設けるとよい。めあてを教師と児童が共有し，児童自身がそれらをもとに自身で振り返る活動は，児童の主体的な授業への参加と学びの実感につながる。めあてが示され，振り返り活動をよく行っている学校では，全国学力・学習状況調査の正答率も高い傾向にあることが報告されている（文部科学省・国立教育政策研究所，2013）。

　教師の主要な発問については，「このグラフを見て，どう思いますか」といった曖昧なものではなく，「このグラフで最も変化の大きい部分はどこですか」「このグラフから読み取れる変化の特徴は何ですか」など，明確な発問になるよう，また，算数科の内容として適切な表現となるよう事前に考えておく必要がある。児童の活動や予想される答えについては，それぞれの項目を立てて整理して記述するとともに，予想される答えについては誤答も予想してあげ

第12章　学習指導案

ておく。誤答を予想しておくことは，児童のつまずきを様々に考えることであり，多様な展開を事前に想定しておくことにつながる。

　授業は，教師の説明が長く続きすぎないよう，一方で，必要な部分では教師がしっかりとポイントをおさえるよう，授業の方向性を教師がよく把握しながら進める必要がある。教師の板書を児童がノートにとる場合は，その時間を想定し，分量を考えておく。教材やプリントなどを用意して，効果的な使用も計画しておくとよい。また，授業内で机間指導を行う場合には，無目的に始めることのないよう，事前に目的や着眼点を明確にもっておくことが重要である。

　板書計画は，黒板の使い方の計画である。授業が終わった際に，授業内容を把握できるものになっているとよい。内容や時間を考え，どの部分を板書にするのか，どの部分は事前に（画用紙や模造紙などで）用意しておくのかも計画する。また，児童のノートをとる力の育成も重要であることから，どの部分はノートにとらせたいのか，適切な分量はどれくらいなのかなどを考えておくことも必要である。低学年ではとくに，児童のノートの形式と対応させた板書やノートのマス目の使い方などの丁寧な指示が求められる。児童にプリントを配布して使用する場合には，同じ形式のものが黒板でも提示されるとわかりやすい。

　板書計画が固まったら，授業時に使用する黒板と同じ広さの黒板を使って，実際に板書してみるとよい。スペースが足りなかったり，うまく配置できなかったりしないかを確認できる。また，場合によっては，実際の黒板を写真に撮ったものを板書計画とすることも可能である。

〈「本時の目標」「本時の展開」「板書計画」作成のチェックポイント〉
【本時の目標】
　□　この授業終了後，何ができるようになっていればよいかが明確な具体
　　　的な目標になっているか
【本時の展開】
　□　目標を達成できる，児童全員が力をつけられるような授業を考え，方
　　　向性を明確にできているか

- □ 導入，展開，まとめ，それぞれの時間（○○分間）を想定できているか
- □ 導入は長くなりすぎないように設定できているか
- □ 児童とめあてを共有し，最後に振返りの時間が設定されているか
- □ 教師の主要な発問を明確にできているか
- □ 児童の「活動」「予想される答え」は別項目に整理して書けているか
- □ 児童の「予想される答え」は，誤答も含められているか
- □ 児童がノートをとる時間を確保・想定できているか
- □ 机間指導には，目的・着眼点をもてているか

【板書計画】
- □ 板書量，児童がノートをとる分量は適切か
- □ 児童がノートにとる部分は，児童のノートを想定した記述になっているか
- □ プリントを使用する場合は，黒板にも同じものが提示できているか
- □ 実際に黒板を使って板書を行い，配置や内容を確認したか

引用・参考文献

京都府総合教育センター（2012）『質の高い学力を育成する学習指導案ハンドブック』。
文部科学省・国立教育政策研究所（2013）『平成25年度全国学力・学習状況調査報告書クロス集計』。

学習の課題

(1) 算数科の中から単元を1つ取り上げ，チェックポイントに留意しながら学習指導案を作成しなさい。
(2) (1)の学習指導案作成を振り返り，難しかった点をあげてその要因を分析しなさい。

【さらに学びたい人のための図書】

黒田恭史（2017）『本当は大切だけど，誰も教えてくれない算数授業50のこと』明治図書。
　　⇨「算数が苦手な子どもに共通する3つのこと」「分数が難しい3つの理由」「も

のさしとコンパスを上手に使うコツ」など，算数科授業のポイントが50項目に
分けて解説されている。授業を構築するヒントを得られる書籍である。

市川伸一（2013）『「教えて考えさせる授業」の挑戦——学ぶ意欲と深い理解を育む授
業デザイン』明治図書。

⇨「問題解決」や「自力解決」という授業スタイルによって，授業がわからない
児童が生まれている現状や，クラス内の学力差が改善されない問題点を指摘し
ながら，「教えて考えさせる授業」の考え方やあり方が説明されている。具体
的な事例もあり，算数科授業の参考にできる一冊である。

（岡本尚子，月岡卓也）

小学校学習指導要領
第2章　第3節　算　数

第1　目　標

　数学的な見方・考え方を働かせ，数学的な活動を通して，数学的に考える資質・能力を次のとおり育成することを目指す。

(1)　数量や図形などについての基礎的・基本的な概念や性質などを理解するとともに，日常の事象を数理的に処理する技能を身に付けるようにする。

(2)　日常の事象を数理的に捉え見通しをもち筋道を立てて考察する力，基礎的・基本的な数量や図形の性質などを見いだし統合的・発展的に考察する力，数学的な表現を用いて事象を簡潔・明瞭・的確に表したり目的に応じて柔軟に表したりする力を養う。

(3)　数学的活動の楽しさや数学のよさに気付き，学習を振り返ってよりよく問題解決しようとする態度，算数で学んだことを生活や学習に活用しようとする態度を養う。

第2　各学年の目標及び内容

〔第1学年〕

1　目　標

(1)　数の概念とその表し方及び計算の意味を理解し，量，図形及び数量の関係についての理解の基礎となる経験を重ね，数量や図形についての感覚を豊かにするとともに，加法及び減法の計算をしたり，形を構成したり，身の回りにある量の大きさを比べたり，簡単な絵や図などに表したりすることなどについての技能を身に付けるようにする。

(2)　ものの数に着目し，具体物や図などを用いて数の数え方や計算の仕方を考える力，ものの形に着目して特徴を捉えたり，具体的な操作を通して形の構成について考えたりする力，身の回りにあるものの特徴を量に着目して捉え，量の大きさの比べ方を考える力，データの個数に着目して身の回りの事象の特徴を捉える力などを養う。

(3)　数量や図形に親しみ，算数で学んだことの

よさや楽しさを感じながら学ぶ態度を養う。

2　内　容

A　数と計算

(1)　数の構成と表し方に関わる数学的活動を通して，次の事項を身に付けることができるよう指導する。

ア　次のような知識及び技能を身に付けること。

　(ｱ)　ものとものとを対応させることによって，ものの個数を比べること。

　(ｲ)　個数や順番を正しく数えたり表したりすること。

　(ｳ)　数の大小や順序を考えることによって，数の系列を作ったり，数直線の上に表したりすること。

　(ｴ)　一つの数をほかの数の和や差としてみるなど，ほかの数と関係付けてみること。

　(ｵ)　2位数の表し方について理解すること。

　(ｶ)　簡単な場合について，3位数の表し方を知ること。

　(ｷ)　数を，十を単位としてみること。

　(ｸ)　具体物をまとめて数えたり等分したりして整理し，表すこと。

イ　次のような思考力，判断力，表現力等を身に付けること。

　(ｱ)　数のまとまりに着目し，数の大きさの比べ方や数え方を考え，それらを日常生活に生かすこと。

(2)　加法及び減法に関わる数学的活動を通して，次の事項を身に付けることができるよう指導する。

ア　次のような知識及び技能を身に付けること。

　(ｱ)　加法及び減法の意味について理解し，それらが用いられる場合について知ること。

　(ｲ)　加法及び減法が用いられる場面を式に表したり，式を読み取ったりすること。

　(ｳ)　1位数と1位数の加法及びその逆の減法の計算が確実にできること。

　(ｴ)　簡単な場合について，2位数などについても加法及び減法ができることを知ること。

イ　次のような思考力，判断力，表現力等を身に付けること。

　(ｱ)　数量の関係に着目し，計算の意味や計算

175

の仕方を考えたり，日常生活に生かしたり
すること。
B　図形
(1)　身の回りにあるものの形に関わる数学的活
動を通して，次の事項を身に付けることができ
るよう指導する。
ア　次のような知識及び技能を身に付けること。
　(ｱ)　ものの形を認め，形の特徴を知ること。
　(ｲ)　具体物を用いて形を作ったり分解したり
　　すること。
　(ｳ)　前後，左右，上下など方向や位置につい
　　ての言葉を用いて，ものの位置を表すこと。
イ　次のような思考力，判断力，表現力等を身
　に付けること。
　(ｱ)　ものの形に着目し，身の回りにあるもの
　　の特徴を捉えたり，具体的な操作を通して
　　形の構成について考えたりすること。
C　測定
(1)　身の回りのものの大きさに関わる数学的活
動を通して，次の事項を身に付けることができ
るよう指導する。
ア　次のような知識及び技能を身に付けること。
　(ｱ)　長さ，広さ，かさなどの量を，具体的な
　　操作によって直接比べたり，他のものを用
　　いて比べたりすること。
　(ｲ)　身の回りにあるものの大きさを単位とし
　　て，その幾つ分かで大きさを比べること。
イ　次のような思考力，判断力，表現力等を身
　に付けること。
　(ｱ)　身の回りのものの特徴に着目し，量の大
　　きさの比べ方を見いだすこと。
(2)　時刻に関わる数学的活動を通して，次の事
項を身に付けることができるよう指導する。
ア　次のような知識及び技能を身に付けること。
　(ｱ)　日常生活の中で時刻を読むこと。
イ　次のような思考力，判断力，表現力等を身
　に付けること。
　(ｱ)　時刻の読み方を用いて，時刻と日常生活
　　を関連付けること。
D　データの活用
(1)　数量の整理に関わる数学的活動を通して，次
の事項を身に付けることができるよう指導する。

ア　次のような知識及び技能を身に付けること。
　(ｱ)　ものの個数について，簡単な絵や図など
　　に表したり，それらを読み取ったりするこ
　　と。
イ　次のような思考力，判断力，表現力等を身
　に付けること。
　(ｱ)　データの個数に着目し，身の回りの事象
　　の特徴を捉えること。
〔数学的活動〕
(1)　内容の「A数と計算」，「B図形」，「C測
定」及び「Dデータの活用」に示す学習につい
ては，次のような数学的活動に取り組むものと
する。
ア　身の回りの事象を観察したり，具体物を操
　作したりして，数量や形を見いだす活動
イ　日常生活の問題を具体物などを用いて解決
　したり結果を確かめたりする活動
ウ　算数の問題を具体物などを用いて解決した
　り結果を確かめたりする活動
エ　問題解決の過程や結果を，具体物や図など
　を用いて表現する活動
〔用語・記号〕
一の位　十の位　＋　－　＝
〔第2学年〕
1　目　標
(1)　数の概念についての理解を深め，計算の意
味と性質，基本的な図形の概念，量の概念，簡
単な表とグラフなどについて理解し，数量や図
形についての感覚を豊かにするとともに，加法，
減法及び乗法の計算をしたり，図形を構成した
り，長さやかさなどを測定したり，表やグラフ
に表したりすることなどについての技能を身に
付けるようにする。
(2)　数とその表現や数量の関係に着目し，必要
に応じて具体物や図などを用いて数の表し方や
計算の仕方などを考察する力，平面図形の特徴
を図形を構成する要素に着目して捉えたり，身
の回りの事象を図形の性質から考察したりする
力，身の回りにあるものの特徴を量に着目して
捉え，量の単位を用いて的確に表現する力，身
の回りの事象をデータの特徴に着目して捉え，
簡潔に表現したり考察したりする力などを養う。

176

資　料

(3)　数量や図形に進んで関わり，数学的に表現・処理したことを振り返り，数理的な処理のよさに気付き生活や学習に活用しようとする態度を養う。

2　内　容

A　数と計算

(1)　数の構成と表し方に関わる数学的活動を通して，次の事項を身に付けることができるよう指導する。

ア　次のような知識及び技能を身に付けること。

(ｱ)　同じ大きさの集まりにまとめて数えたり，分類して数えたりすること。

(ｲ)　4位数までについて，十進位取り記数法による数の表し方及び数の大小や順序について理解すること。

(ｳ)　数を十や百を単位としてみるなど，数の相対的な大きさについて理解すること。

(ｴ)　一つの数をほかの数の積としてみるなど，ほかの数と関係付けてみること。

(ｵ)　簡単な事柄を分類整理し，それを数を用いて表すこと。

(ｶ)　$\frac{1}{2}$，$\frac{1}{4}$など簡単な分数について知ること。

イ　次のような思考力，判断力，表現力等を身に付けること。

(ｱ)　数のまとまりに着目し，大きな数の大きさの比べ方や数え方を考え，日常生活に生かすこと。

(2)　加法及び減法に関わる数学的活動を通して，次の事項を身に付けることができるよう指導する。

ア　次のような知識及び技能を身に付けること。

(ｱ)　2位数の加法及びその逆の減法の計算が，1位数などについての基本的な計算を基にしてできることを理解し，それらの計算が確実にできること。また，それらの筆算の仕方について理解すること。

(ｲ)　簡単な場合について，3位数などの加法及び減法の計算の仕方を知ること。

(ｳ)　加法及び減法に関して成り立つ性質について理解すること。

(ｴ)　加法と減法との相互関係について理解すること。

イ　次のような思考力，判断力，表現力等を身に付けること。

(ｱ)　数量の関係に着目し，計算の仕方を考えたり計算に関して成り立つ性質を見いだしたりするとともに，その性質を活用して，計算を工夫したり計算の確かめをしたりすること。

(3)　乗法に関わる数学的活動を通して，次の事項を身に付けることができるよう指導する。

ア　次のような知識及び技能を身に付けること。

(ｱ)　乗法の意味について理解し，それが用いられる場合について知ること。

(ｲ)　乗法が用いられる場面を式に表したり，式を読み取ったりすること。

(ｳ)　乗法に関して成り立つ簡単な性質について理解すること。

(ｴ)　乗法九九について知り，1位数と1位数との乗法の計算が確実にできること。

(ｵ)　簡単な場合について，2位数と1位数との乗法の計算の仕方を知ること。

イ　次のような思考力，判断力，表現力等を身に付けること。

(ｱ)　数量の関係に着目し，計算の意味や計算の仕方を考えたり計算に関して成り立つ性質を見いだしたりするとともに，その性質を活用して，計算を工夫したり計算の確かめをしたりすること。

(ｲ)　数量の関係に着目し，計算を日常生活に生かすこと。

B　図形

(1)　図形に関わる数学的活動を通して，次の事項を身に付けることができるよう指導する。

ア　次のような知識及び技能を身に付けること。

(ｱ)　三角形，四角形について知ること。

(ｲ)　正方形，長方形，直角三角形について知ること。

(ｳ)　正方形や長方形の面で構成される箱の形をしたものについて理解し，それらを構成したり分解したりすること。

イ　次のような思考力，判断力，表現力等を身に付けること。

(ｱ)　図形を構成する要素に着目し，構成の仕

177

方を考えるとともに，身の回りのものの形
を図形として捉えること。

C 測定

(1) 量の単位と測定に関わる数学的活動を通し
て，次の事項を身に付けることができるよう指
導する。

ア 次のような知識及び技能を身に付けること。

　(ｱ) 長さの単位（ミリメートル（mm），セ
ンチメートル（cm），メートル（m））及
びかさの単位（ミリリットル（mL），デシ
リットル（dL），リットル（L））について
知り，測定の意味を理解すること。

　(ｲ) 長さ及びかさについて，およその見当を
付け，単位を適切に選択して測定すること。

イ 次のような思考力，判断力，表現力等を身
に付けること。

　(ｱ) 身の回りのものの特徴に着目し，目的に
応じた単位で量の大きさを的確に表現した
り，比べたりすること。

(2) 時刻と時間に関わる数学的活動を通して，
次の事項を身に付けることができるよう指導す
る。

ア 次のような知識及び技能を身に付けること。

　(ｱ) 日，時，分について知り，それらの関係
を理解すること。

イ 次のような思考力，判断力，表現力等を身
に付けること。

　(ｱ) 時間の単位に着目し，時刻や時間を日常
生活に生かすこと。

D データの活用

(1) データの分析に関わる数学的活動を通して，
次の事項を身に付けることができるよう指導す
る。

ア 次のような知識及び技能を身に付けること。

　(ｱ) 身の回りにある数量を分類整理し，簡単
な表やグラフを用いて表したり読み取った
りすること。

イ 次のような思考力，判断力，表現力等を身
に付けること。

　(ｱ) データを整理する観点に着目し，身の回
りの事象について表やグラフを用いて考察
すること。

〔数学的活動〕

(1) 内容の「A数と計算」，「B図形」，「C測
定」及び「Dデータの活用」に示す学習につい
ては，次のような数学的活動に取り組むものと
する。

ア 身の回りの事象を観察したり，具体物を操
作したりして，数量や図形に進んで関わる活
動

イ 日常の事象から見いだした算数の問題を，
具体物，図，数，式などを用いて解決し，結
果を確かめる活動

ウ 算数の学習場面から見いだした算数の問題
を，具体物，図，数，式などを用いて解決し，
結果を確かめる活動

エ 問題解決の過程や結果を，具体物，図，数，
式などを用いて表現し伝え合う活動

〔用語・記号〕

直線 直角 頂点 辺 面 単位 × ＞ ＜

3 内容の取扱い

(1) 内容の「A数と計算」の(1)については，1
万についても取り扱うものとする。

(2) 内容の「A数と計算」の(2)については，必
要な場合には，（ ）や□などを用いることがで
きる。また，計算の結果の見積りについて配慮
するものとする。

(3) 内容の「A数と計算」の(2)のアの(ｳ)につ
いては，交換法則や結合法則を取り扱うものと
する。

(4) 内容の「A数と計算」の(3)のアの(ｳ)につ
いては，主に乗数が1ずつ増えるときの積の増
え方や交換法則を取り扱うものとする。

(5) 内容の「B図形」の(1)のアの(ｲ)に関連し
て，正方形，長方形が身の回りで多く使われて
いることが分かるようにするとともに，敷き詰
めるなどの操作的な活動を通して，平面の広が
りについての基礎となる経験を豊かにするよう
配慮するものとする。

〔第3学年〕

1 目 標

(1) 数の表し方，整数の計算の意味と性質，小
数及び分数の意味と表し方，基本的な図形の概
念，量の概念，棒グラフなどについて理解し，

178

数量や図形についての感覚を豊かにするととも
に，整数などの計算をしたり，図形を構成した
り，長さや重さなどを測定したり，表やグラフ
に表したりすることなどについての技能を身に
付けるようにする。

(2) 数とその表現や数量の関係に着目し，必要
に応じて具体物や図などを用いて数の表し方や
計算の仕方などを考察する力，平面図形の特徴
を図形を構成する要素に着目して捉えたり，身
の回りの事象を図形の性質から考察したりする
力，身の回りにあるものの特徴を量に着目して
捉え，量の単位を用いて的確に表現する力，身
の回りの事象をデータの特徴に着目して捉え，
簡潔に表現したり適切に判断したりする力など
を養う。

(3) 数量や図形に進んで関わり，数学的に表
現・処理したことを振り返り，数理的な処理の
よさに気付き生活や学習に活用しようとする態
度を養う。

2　内　容

A　数と計算

(1)　整数の表し方に関わる数学的活動を通して，
次の事項を身に付けることができるよう指導す
る。

ア　次のような知識及び技能を身に付けること。

　(ｱ)　万の単位について知ること。

　(ｲ)　10倍，100倍，1000倍，$\frac{1}{10}$の大きさの数
　　　及びそれらの表し方について知ること。

　(ｳ)　数の相対的な大きさについての理解を深
　　　めること。

イ　次のような思考力，判断力，表現力等を身
　に付けること。

　(ｱ)　数のまとまりに着目し，大きな数の大き
　　　さの比べ方や表し方を考え，日常生活に生
　　　かすこと。

(2)　加法及び減法に関わる数学的活動を通して，
次の事項を身に付けることができるよう指導す
る。

ア　次のような知識及び技能を身に付けること。

　(ｱ)　3位数や4位数の加法及び減法の計算が，
　　　2位数などについての基本的な計算を基に
　　　してできることを理解すること。また，そ

れらの筆算の仕方について理解すること。

　(ｲ)　加法及び減法の計算が確実にでき，それ
　　　らを適切に用いること。

イ　次のような思考力，判断力，表現力等を身
　に付けること。

　(ｱ)　数量の関係に着目し，計算の仕方を考え
　　　たり計算に関して成り立つ性質を見いだし
　　　たりするとともに，その性質を活用して，
　　　計算を工夫したり計算の確かめをしたりす
　　　ること。

(3)　乗法に関わる数学的活動を通して，次の事
項を身に付けることができるよう指導する。

ア　次のような知識及び技能を身に付けること。

　(ｱ)　2位数や3位数に1位数や2位数をかけ
　　　る乗法の計算が，乗法九九などの基本的な
　　　計算を基にしてできることを理解すること。
　　　また，その筆算の仕方について理解するこ
　　　と。

　(ｲ)　乗法の計算が確実にでき，それを適切に
　　　用いること。

　(ｳ)　乗法に関して成り立つ性質について理解
　　　すること。

イ　次のような思考力，判断力，表現力等を身
　に付けること。

　(ｱ)　数量の関係に着目し，計算の仕方を考え
　　　たり計算に関して成り立つ性質を見いだし
　　　たりするとともに，その性質を活用して，
　　　計算を工夫したり計算の確かめをしたりす
　　　ること。

(4)　除法に関わる数学的活動を通して，次の事
項を身に付けることができるよう指導する。

ア　次のような知識及び技能を身に付けること。

　(ｱ)　除法の意味について理解し，それが用い
　　　られる場合について知ること。また，余り
　　　について知ること。

　(ｲ)　除法が用いられる場面を式に表したり，
　　　式を読み取ったりすること。

　(ｳ)　除法と乗法や減法との関係について理解
　　　すること。

　(ｴ)　除数と商が共に1位数である除法の計算
　　　が確実にできること。

　(ｵ)　簡単な場合について，除数が1位数で商

179

が２位数の除法の計算の仕方を知ること。

イ　次のような思考力，判断力，表現力等を身に付けること。

（ｱ）数量の関係に着目し，計算の意味や計算の仕方を考えたり，計算に関して成り立つ性質を見いだしたりするとともに，その性質を活用して，計算を工夫したり計算の確かめをしたりすること。

（ｲ）数量の関係に着目し，計算を日常生活に生かすこと。

(5)　小数とその表し方に関わる数学的活動を通して，次の事項を身に付けることができるよう指導する。

ア　次のような知識及び技能を身に付けること。

（ｱ）端数部分の大きさを表すのに小数を用いることを知ること。また，小数の表し方及び$\frac{1}{10}$の位について知ること。

（ｲ）$\frac{1}{10}$の位までの小数の加法及び減法の意味について理解し，それらの計算ができることを知ること。

イ　次のような思考力，判断力，表現力等を身に付けること。

（ｱ）数のまとまりに着目し，小数でも数の大きさを比べたり計算したりできるかどうかを考えるとともに，小数を日常生活に生かすこと。

(6)　分数とその表し方に関わる数学的活動を通して，次の事項を身に付けることができるよう指導する。

ア　次のような知識及び技能を身に付けること。

（ｱ）等分してできる部分の大きさや端数部分の大きさを表すのに分数を用いることを知ること。また，分数の表し方について知ること。

（ｲ）分数が単位分数の幾つ分かで表すことができることを知ること。

（ｳ）簡単な場合について，分数の加法及び減法の意味について理解し，それらの計算ができることを知ること。

イ　次のような思考力，判断力，表現力等を身に付けること。

（ｱ）数のまとまりに着目し，分数でも数の大

きさを比べたり計算したりできるかどうかを考えるとともに，分数を日常生活に生かすこと。

(7)　数量の関係を表す式に関わる数学的活動を通して，次の事項を身に付けることができるよう指導する。

ア　次のような知識及び技能を身に付けること。

（ｱ）数量の関係を表す式について理解するとともに，数量を□などを用いて表し，その関係を式に表したり，□などに数を当てはめて調べたりすること。

イ　次のような思考力，判断力，表現力等を身に付けること。

（ｱ）数量の関係に着目し，数量の関係を図や式を用いて簡潔に表したり，式と図を関連付けて式を読んだりすること。

(8)　そろばんを用いた数の表し方と計算に関わる数学的活動を通して，次の事項を身に付けることができるよう指導する。

ア　次のような知識及び技能を身に付けること。

（ｱ）そろばんによる数の表し方について知ること。

（ｲ）簡単な加法及び減法の計算の仕方について知り，計算すること。

イ　次のような思考力，判断力，表現力等を身に付けること。

（ｱ）そろばんの仕組みに着目し，大きな数や小数の計算の仕方を考えること。

B　図形

(1)　図形に関わる数学的活動を通して，次の事項を身に付けることができるよう指導する。

ア　次のような知識及び技能を身に付けること。

（ｱ）二等辺三角形，正三角形などについて知り，作図などを通してそれらの関係に次第に着目すること。

（ｲ）基本的な図形と関連して角について知ること。

（ｳ）円について，中心，半径，直径を知ること。また，円に関連して，球についても直径などを知ること。

イ　次のような思考力，判断力，表現力等を身に付けること。

資　料

(ｳ) 図形を構成する要素に着目し，構成の仕
　方を考えるとともに，図形の性質を見いだ
　し，身の回りのものの形を図形として捉え
　ること。
C　測定
(1) 量の単位と測定に関わる数学的活動を通し
て，次の事項を身に付けることができるよう指
導する。
ア　次のような知識及び技能を身に付けること。
　(ｱ) 長さの単位（キロメートル（km））及び
　　重さの単位（グラム（g），キログラム
　　（kg））について知り，測定の意味を理解
　　すること。
　(ｲ) 長さや重さについて，適切な単位で表し
　　たり，およその見当を付け計器を適切に選
　　んで測定したりすること。
イ　次のような思考力，判断力，表現力等を身
　に付けること。
　(ｱ) 身の回りのものの特徴に着目し，単位の
　　関係を統合的に考察すること。
(2) 時刻と時間に関わる数学的活動を通して，
次の事項を身に付けることができるよう指導す
る。
ア　次のような知識及び技能を身に付けること。
　(ｱ) 秒について知ること。
　(ｲ) 日常生活に必要な時刻や時間を求めるこ
　　と。
イ　次のような思考力，判断力，表現力等を身
　に付けること。
　(ｱ) 時間の単位に着目し，時刻や時間の求め
　　方について考察し，日常生活に生かすこと。
D　データの活用
(1) データの分析に関わる数学的活動を通して，
次の事項を身に付けることができるよう指導す
る。
ア　次のような知識及び技能を身に付けること。
　(ｱ) 日時の観点や場所の観点などからデータ
　　を分類整理し，表に表したり読んだりする
　　こと。
　(ｲ) 棒グラフの特徴やその用い方を理解する
　　こと。
イ　次のような思考力，判断力，表現力等を身

に付けること。
　(ｱ) データを整理する観点に着目し，身の回
　　りの事象について表やグラフを用いて考察
　　して，見いだしたことを表現すること。
〔数学的活動〕
(1) 内容の「A数と計算」，「B図形」，「C測
定」及び「Dデータの活用」に示す学習につい
ては，次のような数学的活動に取り組むものと
する。
ア　身の回りの事象を観察したり，具体物を操
　作したりして，数量や図形に進んで関わる活
　動
イ　日常の事象から見いだした算数の問題を，
　具体物，図，数，式などを用いて解決し，結
　果を確かめる活動
ウ　算数の学習場面から見いだした算数の問題
　を，具体物，図，数，式などを用いて解決し，
　結果を確かめる活動
エ　問題解決の過程や結果を，具体物，図，数，
　式などを用いて表現し伝え合う活動
〔用語・記号〕
等号　不等号　小数点　$\frac{1}{10}$の位　数直線　分母
分子　÷
3　内容の取扱い
(1) 内容の「A数と計算」の(1)については，1
億についても取り扱うものとする。
(2) 内容の「A数と計算」の(2)及び(3)について
は，簡単な計算は暗算できるよう配慮するも
のとする。また，計算の結果の見積りについて
も触れるものとする。
(3) 内容の「A数と計算」の(3)については，乗
数又は被乗数が0の場合の計算についても取り
扱うものとする。
(4) 内容の「A数と計算」の(3)のアの(ｳ)につ
いては，交換法則，結合法則，分配法則を取り
扱うものとする。
(5) 内容の「A数と計算」の(5)及び(6)について
は，小数の0.1と分数の$\frac{1}{10}$などを数直線を用い
て関連付けて取り扱うものとする。
(6) 内容の「B図形」の(1)の基本的な図形につ
いては，定規，コンパスを用いて，図形を
かいたり確かめたりする活動を重視するととも

181

に，三角形や円などを基にして模様をかくなど
の具体的な活動を通して，図形のもつ美しさに
関心をもたせるよう配慮するものとする。

(7) 内容の「C測定」の(1)については，重さの
単位のトン（t）について触れるとともに，接
頭語（キロ（k）やミリ（m））についても触れ
るものとする。

(8) 内容の「Dデータの活用」の(1)のアの(イ)
については，最小目盛りが2，5又は20，50な
どの棒グラフや，複数の棒グラフを組み合わせ
たグラフなどにも触れるものとする。

〔第4学年〕

1 目 標

(1) 小数及び分数の意味と表し方，四則の関係，
平面図形と立体図形，面積，角の大きさ，折れ
線グラフなどについて理解するとともに，整数，
小数及び分数の計算をしたり，図形を構成した
り，図形の面積や角の大きさを求めたり，表や
グラフに表したりすることなどについての技能
を身に付けるようにする。

(2) 数とその表現や数量の関係に着目し，目的
に合った表現方法を用いて計算の仕方などを考
察する力，図形を構成する要素及びそれらの位
置関係に着目し，図形の性質や図形の計量につ
いて考察する力，伴って変わる二つの数量やそ
れらの関係に着目し，変化や対応の特徴を見い
だして，二つの数量の関係を表や式を用いて考
察する力，目的に応じてデータを収集し，デー
タの特徴や傾向に着目して表やグラフに的確に
表現し，それらを用いて問題解決したり，解決
の過程や結果を多面的に捉え考察したりする力
などを養う。

(3) 数学的に表現・処理したことを振り返り，
多面的に捉え検討してよりよいものを求めて粘
り強く考える態度，数学のよさに気付き学習し
たことを生活や学習に活用しようとする態度を
養う。

2 内 容

A 数と計算

(1) 整数の表し方に関わる数学的活動を通して，
次の事項を身に付けることができるよう指導す
る。

ア 次のような知識及び技能を身に付けること。

(7) 億，兆の単位について知り，十進位取り
記数法についての理解を深めること。

イ 次のような思考力，判断力，表現力等を身
に付けること。

(7) 数のまとまりに着目し，大きな数の大き
さの比べ方や表し方を統合的に捉えるとと
もに，それらを日常生活に生かすこと。

(2) 概数に関わる数学的活動を通して，次の事
項を身に付けることができるよう指導する。

ア 次のような知識及び技能を身に付けること。

(7) 概数が用いられる場合について知ること。

(イ) 四捨五入について知ること。

(ウ) 目的に応じて四則計算の結果の見積りを
すること。

イ 次のような思考力，判断力，表現力等を身
に付けること。

(7) 日常の事象における場面に着目し，目的
に合った数の処理の仕方を考えるとともに，
それを日常生活に生かすこと。

(3) 整数の除法に関わる数学的活動を通して，
次の事項を身に付けることができるよう指導す
る。

ア 次のような知識及び技能を身に付けること。

(7) 除数が1位数や2位数で被除数が2位数
や3位数の場合の計算が，基本的な計算を
基にしてできることを理解すること。また，
その筆算の仕方について理解すること。

(イ) 除法の計算が確実にでき，それを適切に
用いること。

(ウ) 除法について，次の関係を理解すること。

（被除数）＝（除数）×（商）＋（余り）

(エ) 除法に関して成り立つ性質について理解
すること。

イ 次のような思考力，判断力，表現力等を身
に付けること。

(7) 数量の関係に着目し，計算の仕方を考え
たり計算に関して成り立つ性質を見いだし
たりするとともに，その性質を活用して，
計算を工夫したり計算の確かめをしたりす
ること。

(4) 小数とその計算に関わる数学的活動を通し

182

て，次の事項を身に付けることができるよう指
導する。

ア　次のような知識及び技能を身に付けること。

　(ｱ)　ある量の何倍かを表すのに小数を用いる
　　ことを知ること。

　(ｲ)　小数が整数と同じ仕組みで表されている
　　ことを知るとともに，数の相対的な大きさ
　　についての理解を深めること。

　(ｳ)　小数の加法及び減法の計算ができること。

　(ｴ)　乗数や除数が整数である場合の小数の乗
　　法及び除法の計算ができること。

イ　次のような思考力，判断力，表現力等を身
　に付けること。

　(ｱ)　数の表し方の仕組みや数を構成する単位
　　に着目し，計算の仕方を考えるとともに，
　　それを日常生活に生かすこと。

(5)　分数とその加法及び減法に関わる数学的活
動を通して，次の事項を身に付けることができ
るよう指導する。

ア　次のような知識及び技能を身に付けること。

　(ｱ)　簡単な場合について，大きさの等しい分
　　数があることを知ること。

　(ｲ)　同分母の分数の加法及び減法の計算がで
　　きること。

イ　次のような思考力，判断力，表現力等を身
　に付けること。

　(ｱ)　数を構成する単位に着目し，大きさの等
　　しい分数を探したり，計算の仕方を考えた
　　りするとともに，それを日常生活に生かす
　　こと。

(6)　数量の関係を表す式に関わる数学的活動を
通して，次の事項を身に付けることができるよ
う指導する。

ア　次のような知識及び技能を身に付けること。

　(ｱ)　四則の混合した式や（　）を用いた式に
　　ついて理解し，正しく計算すること。

　(ｲ)　公式についての考え方を理解し，公式を
　　用いること。

　(ｳ)　数量を□，△などを用いて表し，その関
　　係を式に表したり，□，△などに数を当て
　　はめて調べたりすること。

イ　次のような思考力，判断力，表現力等を身

に付けること。

　(ｱ)　問題場面の数量の関係に着目し，数量の
　　関係を簡潔に，また一般的に表現したり，
　　式の意味を読み取ったりすること。

(7)　計算に関して成り立つ性質に関わる数学的
活動を通して，次の事項を身に付けることがで
きるよう指導する。

ア　次のような知識及び技能を身に付けること。

　(ｱ)　四則に関して成り立つ性質についての理
　　解を深めること。

イ　次のような思考力，判断力，表現力等を身
　に付けること。

　(ｱ)　数量の関係に着目し，計算に関して成り
　　立つ性質を用いて計算の仕方を考えること。

(8)　そろばんを用いた数の表し方と計算に関わ
る数学的活動を通して，次の事項を身に付ける
ことができるよう指導する。

ア　次のような知識及び技能を身に付けること。

　(ｱ)　加法及び減法の計算をすること。

イ　次のような思考力，判断力，表現力等を身
　に付けること。

　(ｱ)　そろばんの仕組みに着目し，大きな数や
　　小数の計算の仕方を考えること。

B　図形

(1)　平面図形に関わる数学的活動を通して，次
の事項を身に付けることができるよう指導する。

ア　次のような知識及び技能を身に付けること。

　(ｱ)　直線の平行や垂直の関係について理解す
　　ること。

　(ｲ)　平行四辺形，ひし形，台形について知る
　　こと。

イ　次のような思考力，判断力，表現力等を身
　に付けること。

　(ｱ)　図形を構成する要素及びそれらの位置関
　　係に着目し，構成の仕方を考察し図形の性
　　質を見いだすとともに，その性質を基に既
　　習の図形を捉え直すこと。

(2)　立体図形に関わる数学的活動を通して，次
の事項を身に付けることができるよう指導する。

ア　次のような知識及び技能を身に付けること。

　(ｱ)　立方体，直方体について知ること。

　(ｲ)　直方体に関連して，直線や平面の平行や

183

垂直の関係について理解すること。

(ウ) 見取図, 展開図について知ること。

イ 次のような思考力, 判断力, 表現力等を身に付けること。

(ア) 図形を構成する要素及びそれらの位置関係に着目し, 立体図形の平面上での表現や構成の仕方を考察し図形の性質を見いだすとともに, 日常の事象を図形の性質から捉え直すこと。

(3) ものの位置に関わる数学的活動を通して, 次の事項を身に付けることができるよう指導する。

ア 次のような知識及び技能を身に付けること。

(ア) ものの位置の表し方について理解すること。

イ 次のような思考力, 判断力, 表現力等を身に付けること。

(ア) 平面や空間における位置を決める要素に着目し, その位置を数を用いて表現する方法を考察すること。

(4) 平面図形の面積に関わる数学的活動を通して, 次の事項を身に付けることができるよう指導する。

ア 次のような知識及び技能を身に付けること。

(ア) 面積の単位 (平方センチメートル (cm²), 平方メートル (m²), 平方キロメートル (km²)) について知ること。

(イ) 正方形及び長方形の面積の計算による求め方について理解すること。

イ 次のような思考力, 判断力, 表現力等を身に付けること。

(ア) 面積の単位や図形を構成する要素に着目し, 図形の面積の求め方を考えるとともに, 面積の単位とこれまでに学習した単位との関係を考察すること。

(5) 角の大きさに関わる数学的活動を通して, 次の事項を身に付けることができるよう指導する。

ア 次のような知識及び技能を身に付けること。

(ア) 角の大きさを回転の大きさとして捉えること。

(イ) 角の大きさの単位 (度 (°)) について

知り, 角の大きさを測定すること。

イ 次のような思考力, 判断力, 表現力等を身に付けること。

(ア) 図形の角の大きさに着目し, 角の大きさを柔軟に表現したり, 図形の考察に生かしたりすること。

C 変化と関係

(1) 伴って変わる二つの数量に関わる数学的活動を通して, 次の事項を身に付けることができるよう指導する。

ア 次のような知識及び技能を身に付けること。

(ア) 変化の様子を表や式, 折れ線グラフを用いて表したり, 変化の特徴を読み取ったりすること。

イ 次のような思考力, 判断力, 表現力等を身に付けること。

(ア) 伴って変わる二つの数量を見いだして, それらの関係に着目し, 表や式を用いて変化や対応の特徴を考察すること。

(2) 二つの数量の関係に関わる数学的活動を通して, 次の事項を身に付けることができるよう指導する。

ア 次のような知識及び技能を身に付けること。

(ア) 簡単な場合について, ある二つの数量の関係と別の二つの数量の関係とを比べる場合に割合を用いる場合があることを知ること。

イ 次のような思考力, 判断力, 表現力等を身に付けること。

(ア) 日常の事象における数量の関係に着目し, 図や式などを用いて, ある二つの数量の関係と別の二つの数量の関係との比べ方を考察すること。

D データの活用

(1) データの収集とその分析に関わる数学的活動を通して, 次の事項を身に付けることができるよう指導する。

ア 次のような知識及び技能を身に付けること。

(ア) データを二つの観点から分類整理する方法を知ること。

(イ) 折れ線グラフの特徴とその用い方を理解すること。

資　料

イ　次のような思考力，判断力，表現力等を身
　に付けること。
　　(7)　目的に応じてデータを集めて分類整理し，
　　　データの特徴や傾向に着目し，問題を解決
　　　するために適切なグラフを選択して判断し，
　　　その結論について考察すること。
〔数学的活動〕
(1)　内容の「A数と計算」，「B図形」，「C変化
と関係」及び「Dデータの活用」に示す学習に
ついては，次のような数学的活動に取り組むも
のとする。
ア　日常の事象から算数の問題を見いだして解
　決し，結果を確かめたり，日常生活等に生か
　したりする活動
イ　算数の学習場面から算数の問題を見いだし
　て解決し，結果を確かめたり，発展的に考察
　したりする活動
ウ　問題解決の過程や結果を，図や式などを用
　いて数学的に表現し伝え合う活動
〔用語・記号〕
和　差　積　商　以上　以下　未満　真分数
仮分数　帯分数　平行　垂直　対角線　平面
3　内容の取扱い
(1)　内容の「A数と計算」の(1)については，大
きな数を表す際に，3桁ごとに区切りを用いる
場合があることに触れるものとする。
(2)　内容の「A数と計算」の(2)のア(ウ)及び
(3)については，簡単な計算は暗算でできるよう
配慮するものとする。また，暗算を筆算や見積
りに生かすよう配慮するものとする。
(3)　内容の「A数と計算」の(3)については，第
1学年から第4学年までに示す整数の計算の能
力を定着させ，それを用いる能力を伸ばすこと
に配慮するものとする。
(4)　内容の「A数と計算」の(3)のア(エ)につ
いては，除数及び被除数に同じ数をかけても，
同じ数で割っても商は変わらないという性質な
どを取り扱うものとする。
(5)　内容の「A数と計算」の(4)のア(エ)につ
いては，整数を整数で割って商が小数になる場
合も含めるものとする。
(6)　内容の「A数と計算」の(7)のア(7)につ

いては，交換法則，結合法則，分配法則を扱う
ものとする。
(7)　内容の「B図形」の(1)については，平行四
辺形，ひし形，台形で平面を敷き詰めるなどの
操作的な活動を重視するよう配慮するものとす
る。
(8)　内容の「B図形」の(4)のア(7)について
は，アール（a），ヘクタール（ha）の単位に
ついても触れるものとする。
(9)　内容の「Dデータの活用」の(1)のア(7)
については，資料を調べるときに，落ちや重な
りがないようにすることを取り扱うものとする。
(10)　内容の「Dデータの活用」の(1)のア(イ)
については，複数系列のグラフや組み合わせた
グラフにも触れるものとする。
〔第5学年〕
1　目標
(1)　整数の性質，分数の意味，小数と分数の計
算の意味，面積の公式，図形の意味と性質，図
形の体積，速さ，割合，帯グラフなどについて
理解するとともに，小数や分数の計算をしたり，
図形の性質を調べたり，図形の面積や体積を求
めたり，表やグラフに表したりすることなどに
ついての技能を身に付けるようにする。
(2)　数とその表現や計算の意味に着目し，目的
に合った表現方法を用いて数の性質や計算の仕
方などを考察する力，図形を構成する要素や図
形間の関係などに着目し，図形の性質や図形の
計量について考察する力，伴って変わる二つの
数量やそれらの関係に着目し，変化や対応の特
徴を見いだして，二つの数量の関係を表や式を
用いて考察する力，目的に応じてデータを収集
し，データの特徴や傾向に着目して表やグラフ
に的確に表現し，それらを用いて問題解決した
り，解決の過程や結果を多面的に捉え考察した
りする力などを養う。
(3)　数学的に表現・処理したことを振り返り，
多面的に捉え検討してよりよいものを求めて粘
り強く考える態度，数学のよさに気付き学習し
たことを生活や学習に活用しようとする態度を
養う。
2　内容

185

A 数と計算

(1) 整数の性質及び整数の構成に関わる数学的活動を通して，次の事項を身に付けることができるよう指導する。

ア 次のような知識及び技能を身に付けること。

(ｱ) 整数は，観点を決めると偶数と奇数に類別されることを知ること。

(ｲ) 約数，倍数について知ること。

イ 次のような思考力，判断力，表現力等を身に付けること。

(ｱ) 乗法及び除法に着目し，観点を決めて整数を類別する仕方を考えたり，数の構成について考察したりするとともに，日常生活に生かすこと。

(2) 整数及び小数の表し方に関わる数学的活動を通して，次の事項を身に付けることができるよう指導する。

ア 次のような知識及び技能を身に付けること。

(ｱ) ある数の10倍，100倍，1000倍，$\frac{1}{10}$，$\frac{1}{100}$などの大きさの数を，小数点の位置を移してつくること。

イ 次のような思考力，判断力，表現力等を身に付けること。

(ｱ) 数の表し方の仕組みに着目し，数の相対的な大きさを考察し，計算などに有効に生かすこと。

(3) 小数の乗法及び除法に関わる数学的活動を通して，次の事項を身に付けることができるよう指導する。

ア 次のような知識及び技能を身に付けること。

(ｱ) 乗数や除数が小数である場合の小数の乗法及び除法の意味について理解すること。

(ｲ) 小数の乗法及び除法の計算ができること。また，余りの大きさについて理解すること。

(ｳ) 小数の乗法及び除法についても整数の場合と同じ関係や法則が成り立つことを理解すること。

イ 次のような思考力，判断力，表現力等を身に付けること。

(ｱ) 乗法及び除法の意味に着目し，乗数や除数が小数である場合まで数の範囲を広げて乗法及び除法の意味を捉え直すとともに，

それらの計算の仕方を考えたり，それらを日常生活に生かしたりすること。

(4) 分数に関わる数学的活動を通して，次の事項を身に付けることができるよう指導する。

ア 次のような知識及び技能を身に付けること。

(ｱ) 整数及び小数を分数の形に直したり，分数を小数で表したりすること。

(ｲ) 整数の除法の結果は，分数を用いると常に一つの数として表すことができることを理解すること。

(ｳ) 一つの分数の分子及び分母に同じ数を乗除してできる分数は，元の分数と同じ大きさを表すことを理解すること。

(ｴ) 分数の相等及び大小について知り，大小を比べること。

イ 次のような思考力，判断力，表現力等を身に付けること。

(ｱ) 数を構成する単位に着目し，数の相等及び大小関係について考察すること。

(ｲ) 分数の表現に着目し，除法の結果の表し方を振り返り，分数の意味をまとめること。

(5) 分数の加法及び減法に関わる数学的活動を通して，次の事項を身に付けることができるよう指導する。

ア 次のような知識及び技能を身に付けること。

(ｱ) 異分母の分数の加法及び減法の計算ができること。

イ 次のような思考力，判断力，表現力等を身に付けること。

(ｱ) 分数の意味や表現に着目し，計算の仕方を考えること。

(6) 数量の関係を表す式に関わる数学的活動を通して，次の事項を身に付けることができるよう指導する。

ア 次のような知識及び技能を身に付けること。

(ｱ) 数量の関係を表す式についての理解を深めること。

イ 次のような思考力，判断力，表現力等を身に付けること。

(ｱ) 二つの数量の対応や変わり方に着目し，簡単な式で表されている関係について考察すること。

資　料

B　図形

(1)　平面図形に関わる数学的活動を通して，次
の事項を身に付けることができるよう指導する。

ア　次のような知識及び技能を身に付けること。

　(ｱ)　図形の形や大きさが決まる要素について
　　理解するとともに，図形の合同について理
　　解すること。

　(ｲ)　三角形や四角形など多角形についての簡
　　単な性質を理解すること。

　(ｳ)　円と関連させて正多角形の基本的な性質
　　を知ること。

　(ｴ)　円周率の意味について理解し，それを用
　　いること。

イ　次のような思考力，判断力，表現力等を身
　に付けること。

　(ｱ)　図形を構成する要素及び図形間の関係に
　　着目し，構成の仕方を考察したり，図形の
　　性質を見いだし，その性質を筋道を立てて
　　考え説明したりすること。

(2)　立体図形に関わる数学的活動を通して，次
の事項を身に付けることができるよう指導する。

ア　次のような知識及び技能を身に付けること。

　(ｱ)　基本的な角柱や円柱について知ること。

イ　次のような思考力，判断力，表現力等を身
　に付けること。

　(ｱ)　図形を構成する要素に着目し，図形の性
　　質を見いだすとともに，その性質を基に既
　　習の図形を捉え直すこと。

(3)　平面図形の面積に関わる数学的活動を通し
て，次の事項を身に付けることができるよう指
導する。

ア　次のような知識及び技能を身に付けること。

　(ｱ)　三角形，平行四辺形，ひし形，台形の面
　　積の計算による求め方について理解するこ
　　と。

イ　次のような思考力，判断力，表現力等を身
　に付けること。

　(ｱ)　図形を構成する要素などに着目して，基
　　本図形の面積の求め方を見いだすとともに，
　　その表現を振り返り，簡潔かつ的確な表現
　　に高め，公式として導くこと。

(4)　立体図形の体積に関わる数学的活動を通し

て，次の事項を身に付けることができるよう指
導する。

ア　次のような知識及び技能を身に付けること。

　(ｱ)　体積の単位（立方センチメートル
　　（cm^3），立方メートル（m^3））について知
　　ること。

　(ｲ)　立方体及び直方体の体積の計算による求
　　め方について理解すること。

イ　次のような思考力，判断力，表現力等を身
　に付けること。

　(ｱ)　体積の単位や図形を構成する要素に着目
　　し，図形の体積の求め方を考えるとともに，
　　体積の単位とこれまでに学習した単位との
　　関係を考察すること。

C　変化と関係

(1)　伴って変わる二つの数量に関わる数学的活
動を通して，次の事項を身に付けることができ
るよう指導する。

ア　次のような知識及び技能を身に付けること。

　(ｱ)　簡単な場合について，比例の関係がある
　　ことを知ること。

イ　次のような思考力，判断力，表現力等を身
　に付けること。

　(ｱ)　伴って変わる二つの数量を見いだして，
　　それらの関係に着目し，表や式を用いて変
　　化や対応の特徴を考察すること。

(2)　異種の二つの量の割合として捉えられる数
量に関わる数学的活動を通して，次の事項を身
に付けることができるよう指導する。

ア　次のような知識及び技能を身に付けること。

　(ｱ)　速さなど単位量当たりの大きさの意味及
　　び表し方について理解し，それを求めるこ
　　と。

イ　次のような思考力，判断力，表現力等を身
　に付けること。

　(ｱ)　異種の二つの量の割合として捉えられる
　　数量の関係に着目し，目的に応じて大きさ
　　を比べたり表現したりする方法を考察し，
　　それらを日常生活に生かすこと。

(3)　二つの数量の関係に関わる数学的活動を通
して，次の事項を身に付けることができるよう
指導する。

187

ア 次のような知識及び技能を身に付けること。
　(ｱ) ある二つの数量の関係と別の二つの数量
　　の関係とを比べる場合に割合を用いる場合
　　があることを理解すること。
　(ｲ) 百分率を用いた表し方を理解し，割合な
　　どを求めること。
イ 次のような思考力，判断力，表現力等を身
　に付けること。
　(ｱ) 日常の事象における数量の関係に着目し，
　　図や式などを用いて，ある二つの数量の関
　　係と別の二つの数量の関係との比べ方を考
　　察し，それを日常生活に生かすこと。
D　データの活用
(1) データの収集とその分析に関わる数学的活
動を通して，次の事項を身に付けることができ
るよう指導する。
ア 次のような知識及び技能を身に付けること。
　(ｱ) 円グラフや帯グラフの特徴とそれらの用
　　い方を理解すること。
　(ｲ) データの収集や適切な手法の選択など統
　　計的な問題解決の方法を知ること。
イ 次のような思考力，判断力，表現力等を身
　に付けること。
　(ｱ) 目的に応じてデータを集めて分類整理し，
　　データの特徴や傾向に着目し，問題を解決
　　するために適切なグラフを選択して判断し，
　　その結論について多面的に捉え考察するこ
　　と。
(2) 測定した結果を平均する方法に関わる数学
的活動を通して，次の事項を身に付けることが
できるよう指導する。
ア 次のような知識及び技能を身に付けること。
　(ｱ) 平均の意味について理解すること。
イ 次のような思考力，判断力，表現力等を身
　に付けること。
　(ｱ) 概括的に捉えることに着目し，測定した
　　結果を平均する方法について考察し，それ
　　を学習や日常生活に生かすこと。
〔数学的活動〕
(1) 内容の「A数と計算」，「B図形」，「C変化
と関係」及び「Dデータの活用」に示す学習に
ついては，次のような数学的活動に取り組むも

のとする。
ア 日常の事象から算数の問題を見いだして解
　決し，結果を確かめたり，日常生活等に生か
　したりする活動
イ 算数の学習場面から算数の問題を見いだし
　て解決し，結果を確かめたり，発展的に考察
　したりする活動
ウ 問題解決の過程や結果を，図や式などを用
　いて数学的に表現し伝え合う活動
〔用語・記号〕
最大公約数　最小公倍数　通分　約分　底面
側面　比例　％
3　内容の取扱い
(1) 内容の「A数と計算」の(1)のアの(ｲ)につ
いては，最大公約数や最小公倍数を形式的に求
めることに偏ることなく，具体的な場面に即し
て取り扱うものとする。
(2) 内容の「B図形」の(1)については，平面を
合同な図形で敷き詰めるなどの操作的な活動を
重視するよう配慮するものとする。
(3) 内容の「B図形」の(1)のアの(ｴ)について
は，円周率は3.14を用いるものとする。
(4) 内容の「C変化と関係」の(3)のアの(ｲ)に
ついては，歩合の表し方について触れるものと
する。
(5) 内容の「Dデータの活用」の(1)については，
複数の帯グラフを比べることにも触れるものと
する。
〔第6学年〕
1　目　標
(1) 分数の計算の意味，文字を用いた式，図形
の意味，図形の体積，比例，度数分布を表す表
などについて理解するとともに，分数の計算を
したり，図形を構成したり，図形の面積や体積
を求めたり，表やグラフに表したりすることな
どについての技能を身に付けるようにする。
(2) 数とその表現や計算の意味に着目し，発展
的に考察して問題を見いだすとともに，目的に
応じて多様な表現方法を用いながら数の表し方
や計算の仕方などを考察する力，図形を構成す
る要素や図形間の関係などに着目し，図形の性
質や図形の計量について考察する力，伴って変

資　料

わる二つの数量やそれらの関係に着目し，変化
や対応の特徴を見いだして，二つの数量の関係
を表や式，グラフを用いて考察する力，身の回
りの事象から設定した問題について，目的に応
じてデータを収集し，データの特徴や傾向に着
目して適切な手法を選択して分析を行い，それ
らを用いて問題解決したり，解決の過程や結果
を批判的に考察したりする力などを養う。
(3)　数学的に表現・処理したことを振り返り，
多面的に捉え検討してよりよいものを求めて粘
り強く考える態度，数学のよさに気付き学習し
たことを生活や学習に活用しようとする態度を
養う。
2　内　容
A　数と計算
(1)　分数の乗法及び除法に関わる数学的活動を
通して，次の事項を身に付けることができるよ
う指導する。
ア　次のような知識及び技能を身に付けること。
　(ｱ)　乗数や除数が整数や分数である場合も含
　　めて，分数の乗法及び除法の意味について
　　理解すること。
　(ｲ)　分数の乗法及び除法の計算ができること。
　(ｳ)　分数の乗法及び除法についても，整数の
　　場合と同じ関係や法則が成り立つことを理
　　解すること。
イ　次のような思考力，判断力，表現力等を身
　に付けること。
　(ｱ)　数の意味と表現，計算について成り立つ
　　性質に着目し，計算の仕方を多面的に捉え
　　考えること。
(2)　数量の関係を表す式に関わる数学的活動を
通して，次の事項を身に付けることができるよ
う指導する。
ア　次のような知識及び技能を身に付けること。
　(ｱ)　数量を表す言葉や□，△などの代わりに，
　　a，x などの文字を用いて式に表したり，
　　文字に数を当てはめて調べたりすること。
イ　次のような思考力，判断力，表現力等を身
　に付けること。
　(ｱ)　問題場面の数量の関係に着目し，数量の
　　関係を簡潔かつ一般的に表現したり，式の

意味を読み取ったりすること。
B　図形
(1)　平面図形に関わる数学的活動を通して，次
の事項を身に付けることができるよう指導する。
ア　次のような知識及び技能を身に付けること。
　(ｱ)　縮図や拡大図について理解すること。
　(ｲ)　対称な図形について理解すること。
イ　次のような思考力，判断力，表現力等を身
　に付けること。
　(ｱ)　図形を構成する要素及び図形間の関係に
　　着目し，構成の仕方を考察したり図形の性
　　質を見いだしたりするとともに，その性質
　　を基に既習の図形を捉え直したり日常生活
　　に生かしたりすること。
(2)　身の回りにある形の概形やおよその面積な
どに関わる数学的活動を通して，次の事項を身
に付けることができるよう指導する。
ア　次のような知識及び技能を身に付けること。
　(ｱ)　身の回りにある形について，その概形を
　　捉え，およその面積などを求めること。
イ　次のような思考力，判断力，表現力等を身
　に付けること。
　(ｱ)　図形を構成する要素や性質に着目し，筋
　　道を立てて面積などの求め方を考え，それ
　　を日常生活に生かすこと。
(3)　平面図形の面積に関わる数学的活動を通し
て，次の事項を身に付けることができるよう指
導する。
ア　次のような知識及び技能を身に付けること。
　(ｱ)　円の面積の計算による求め方について理
　　解すること。
イ　次のような思考力，判断力，表現力等を身
　に付けること。
　(ｱ)　図形を構成する要素などに着目し，基本
　　的な図形の面積の求め方を見いだすととも
　　に，その表現を振り返り，簡潔かつ的確な
　　表現に高め，公式として導くこと。
(4)　立体図形の体積に関わる数学的活動を通し
て，次の事項を身に付けることができるよう指
導する。
ア　次のような知識及び技能を身に付けること。
　(ｱ)　基本的な角柱及び円柱の体積の計算によ

189

る求め方について理解すること。

イ　次のような思考力，判断力，表現力等を身
に付けること。

(ｱ) 図形を構成する要素に着目し，基本図形
の体積の求め方を見いだすとともに，その
表現を振り返り，簡潔かつ的確な表現に高
め，公式として導くこと。

C　変化と関係

(1) 伴って変わる二つの数量に関わる数学的活
動を通して，次の事項を身に付けることができ
るよう指導する。

ア　次のような知識及び技能を身に付けること。

(ｱ) 比例の関係の意味や性質を理解すること。

(ｲ) 比例の関係を用いた問題解決の方法につ
いて知ること。

(ｳ) 反比例の関係について知ること。

イ　次のような思考力，判断力，表現力等を身
に付けること。

(ｱ) 伴って変わる二つの数量を見いだして，
それらの関係に着目し，目的に応じて表や
式，グラフを用いてそれらの関係を表現し
て，変化や対応の特徴を見いだすとともに，
それらを日常生活に生かすこと。

(2) 二つの数量の関係に関わる数学的活動を通
して，次の事項を身に付けることができるよう
指導する。

ア　次のような知識及び技能を身に付けること。

(ｱ) 比の意味や表し方を理解し，数量の関係
を比で表したり，等しい比をつくったりす
ること。

イ　次のような思考力，判断力，表現力等を身
に付けること。

(ｱ) 日常の事象における数量の関係に着目し，
図や式などを用いて数量の関係の比べ方を
考察し，それを日常生活に生かすこと。

D　データの活用

(1) データの収集とその分析に関わる数学的活
動を通して，次の事項を身に付けることができ
るよう指導する。

ア　次のような知識及び技能を身に付けること。

(ｱ) 代表値の意味や求め方を理解すること。

(ｲ) 度数分布を表す表やグラフの特徴及びそ

れらの用い方を理解すること。

(ｳ) 目的に応じてデータを収集したり適切な
手法を選択したりするなど，統計的な問題
解決の方法を知ること。

イ　次のような思考力，判断力，表現力等を身
に付けること。

(ｱ) 目的に応じてデータを集めて分類整理し，
データの特徴や傾向に着目し，代表値など
を用いて問題の結論について判断するとと
もに，その妥当性について批判的に考察す
ること。

(2) 起こり得る場合に関わる数学的活動を通し
て，次の事項を身に付けることができるよう指
導する。

ア　次のような知識及び技能を身に付けること。

(ｱ) 起こり得る場合を順序よく整理するため
の図や表などの用い方を知ること。

イ　次のような思考力，判断力，表現力等を身
に付けること。

(ｱ) 事象の特徴に着目し，順序よく整理する
観点を決めて，落ちや重なりなく調べる方
法を考察すること。

〔数学的活動〕

(1) 内容の「A数と計算」，「B図形」，「C変化
と関係」及び「Dデータの活用」に示す学習に
ついては，次のような数学的活動に取り組むも
のとする。

ア　日常の事象を数理的に捉え問題を見いだし
て解決し，解決過程を振り返り，結果や方法
を改善したり，日常生活等に生かしたりする
活動

イ　算数の学習場面から算数の問題を見いだし
て解決し，解決過程を振り返り統合的・発展
的に考察する活動

ウ　問題解決の過程や結果を，目的に応じて図
や式などを用いて数学的に表現し伝え合う活
動

〔用語・記号〕

線対称　点対称　対称の軸　対称の中心　比の
値　ドットプロット　平均値　中央値　最頻値
階級　:

3　内容の取扱い

資　料

(1)　内容の「A数と計算」の(1)については，逆数を用いて除法を乗法の計算としてみることや，整数や小数の乗法や除法を分数の場合の計算にまとめることも取り扱うものとする。

(2)　内容の「A数と計算」の(1)については，第3学年から第6学年までに示す小数や分数の計算の能力を定着させ，それらを用いる能力を伸ばすことに配慮するものとする。

(3)　内容の「B図形」の(3)のアの(7)については，円周率は3.14を用いるものとする。

第3　指導計画の作成と内容の取扱い

1　指導計画の作成に当たっては，次の事項に配慮するものとする。

(1)　単元など内容や時間のまとまりを見通して，その中で育む資質・能力の育成に向けて，数学的活動を通して，児童の主体的・対話的で深い学びの実現を図るようにすること。その際，数学的な見方・考え方を働かせながら，日常の事象を数理的に捉え，算数の問題を見いだし，問題を自立的，協働的に解決し，学習の過程を振り返り，概念を形成するなどの学習の充実を図ること。

(2)　第2の各学年の内容は，次の学年以降においても必要に応じて継続して指導すること。数量や図形についての基礎的な能力の習熟や維持を図るため，適宜練習の機会を設けて計画的に指導すること。なお，その際，第1章総則の第2の3の(2)のウの(イ)に掲げる指導を行う場合には，当該指導のねらいを明確にするとともに，単元など内容や時間のまとまりを見通して資質・能力が偏りなく育成されるよう計画的に指導すること。また，学年間の指導内容を円滑に接続させるため，適切な反復による学習指導を進めるようにすること。

(3)　第2の各学年の内容の「A数と計算」，「B図形」，「C測定」，「C変化と関係」及び「Dデータの活用」の間の指導の関連を図ること。

(4)　低学年においては，第1章総則の第2の4の(1)を踏まえ，他教科等との関連を積極的に図り，指導の効果を高めるようにするとともに，幼稚園教育要領等に示す幼児期の終わりまでに

育ってほしい姿との関連を考慮すること。特に，小学校入学当初においては，生活科を中心とした合科的・関連的な指導や，弾力的な時間割の設定を行うなどの工夫をすること。

(5)　障害のある児童などについては，学習活動を行う場合に生じる困難さに応じた指導内容や指導方法の工夫を計画的，組織的に行うこと。

(6)　第1章総則の第1の2の(2)に示す道徳教育の目標に基づき，道徳科などとの関連を考慮しながら，第3章特別の教科道徳の第2に示す内容について，算数科の特質に応じて適切な指導をすること。

2　第2の内容の取扱いについては，次の事項に配慮するものとする。

(1)　思考力，判断力，表現力等を育成するため，各学年の内容の指導に当たっては，具体物，図，言葉，数，式，表，グラフなどを用いて考えたり，説明したり，互いに自分の考えを表現し伝え合ったり，学び合ったり，高め合ったりするなどの学習活動を積極的に取り入れるようにすること。

(2)　数量や図形についての感覚を豊かにしたり，表やグラフを用いて表現する力を高めたりするなどのため，必要な場面においてコンピュータなどを適切に活用すること。また，第1章総則の第3の1の(3)のイに掲げるプログラミングを体験しながら論理的思考力を身に付けるための活動を行う場合には，児童の負担に配慮しつつ，例えば第2の各学年の内容の〔第5学年〕の「B図形」の(1)における正多角形の作図を行う学習に関連して，正確な繰り返し作業を行う必要があり，更に一部を変えることでいろいろな正多角形を同様に考えることができる場面などで取り扱うこと。

(3)　各領域の指導に当たっては，具体物を操作したり，日常の事象を観察したり，児童にとって身近な算数の問題を解決したりするなどの具体的な体験を伴う学習を通して，数量や図形について実感を伴った理解をしたり，算数を学ぶ意義を実感したりする機会を設けること。

(4)　第2の各学年の内容に示す〔用語・記号〕は，当該学年で取り上げる内容の程度や範囲を

191

明確にするために示したものであり，その指導に当たっては，各学年の内容と密接に関連させて取り上げるようにし，それらを用いて表したり考えたりすることのよさが分かるようにすること。

(5) 数量や図形についての豊かな感覚を育てるとともに，およその大きさや形を捉え，それらに基づいて適切に判断したり，能率的な処理の仕方を考え出したりすることができるようにすること。

(6) 筆算による計算の技能を確実に身に付けることを重視するとともに，目的に応じて計算の結果の見積りをして，計算の仕方や結果について適切に判断できるようにすること。また，低学年の「A数と計算」の指導に当たっては，そろばんや具体物などの教具を適宜用いて，数と計算についての意味の理解を深めるよう留意すること。

3　数学的活動の取組においては，次の事項に配慮するものとする。

(1) 数学的活動は，基礎的・基本的な知識及び技能を確実に身に付けたり，思考力，判断力，表現力等を高めたり，算数を学ぶことの楽しさや意義を実感したりするために，重要な役割を果たすものであることから，各学年の内容の「A数と計算」，「B図形」，「C測定」，「C変化と関係」及び「Dデータの活用」に示す事項については，数学的活動を通して指導するようにすること。

(2) 数学的活動を楽しめるようにする機会を設けること。

(3) 算数の問題を解決する方法を理解するとともに，自ら問題を見いだし，解決するための構想を立て，実践し，その結果を評価・改善する機会を設けること。

(4) 具体物，図，数，式，表，グラフ相互の関連を図る機会を設けること。

(5) 友達と考えを伝え合うことで学び合ったり，学習の過程と成果を振り返り，よりよく問題解決できたことを実感したりする機会を設けること。

索　引

(＊は人名)

あ　行

余り　64
暗算　62
アンプラグドプログラミング教育　138,141
生きる力　156,157
位置に対する不変性　94
位置の不変性　96
N進数　56
円柱　80
＊小倉金之助　152
重さ　97,99
折れ線の傾き　113

か　行

外角　81
概算　57
概数　57
回転移動　84
科学的リテラシー　27
角　81
学習過程　39
学習指導　2,4
学習指導案　161
学習指導要領　151
学制　145
拡大　81
角柱　80
学力低下　158
かさ　95
加数分解　62
数と計算　47,154
数の概念　47,54
数の性質　55
数の分解・合成器　70
数え主義　70
形に対する不変性　94
形の不変性　96,97

合併　54,99
仮定　84
仮分数　58
可変性　67
関数の考え　109
関数の定義　105
関数を抽出する活動　113
奇数　56
球　80
求差　61,99
求残　61,99
求小　61
求大　60
求補　61
教育課程　2,4
教育内容　2,4
教材観　167
曲線　86
曲面　86
切り上げ　57
切り捨て　57
空集合　55
偶数　56
位取り　56
計算技能　48
計算の意味　51
計算の規則　48
形成的評価　14
結合法則　62,65
結論　84
減加法　62
減々法　62
行為動詞　17,167,170
交換法則　62,65
公倍数　56
公約数　56
国際交流と協同研究　2,3,5

193

さ 行

最小公倍数　56
最大公約数　56
算数・数学教育学　1,3
算数的活動　158
＊塩野直道　148
式の表現　51
思考力，判断力，表現力等　36,38,43,46
自己教育力　157
時刻と時間　96
四捨五入　57
指導観　169
児童観　168
市民の数学教育　2,3,6
集合数　55
縮小　84
主体的・対話的で深い学び　134,137
主体的な学び　43
順序数　55
順序数の減法　61
順序数を含む加法　60
小数　57
商分数　59
情報機器の発展と数学教育　2,3,5
証明　84
診断的評価　14
真分数　58
数学教育史　2,6
数学教育と文化　2,6
数学教育の現代化　154
数学的活動　37
数学的な考え方　37
数学的な見方　36
数学的な見方・考え方　36-38,41,43,44
数学的リテラシー　27
数詞　54
数唱　54
数理的　37-39,40,45
数量関係　154
図形　82,154
図形の位置する空間　78

図形の概念の理解　78
図形の計量　78
図形の構成　78
図形の性質　78
図形の性質と日常生活　78
図形の変換　78
図形の論証　78
正三角形　79
正方形　79
全国学力・学習状況調査　31
線対称　84
素因数分解　56
増加　60
総括的評価　15
総合的な学習の時間　157
測定　102
「測定」領域　93
側面　86
素数　56
外側の角　81

た 行

第一期国定教科書　146
台形　79
第五期国定教科書　149
第三期国定教科書　148
対称移動　84
第二期国定教科書　146
帯分数　58
第四期国定教科書　148
第4次産業革命　128,130
対話的な学び　43
単元目標　166
知識及び技能　36,38,43
頂点　81
長方形　79
直方体　80
直角三角形　79
直角二等辺三角形　79
直観主義　70
定数　67
底面　86

索　引

データの収集　122
データの分類整理　122
データの読み取り　124
デバッグ　136, 137, 140, 142
添加　99
点対称　84
同数累加　63
等分除　63
＊遠山啓　152
閉じた図形　82
閉じていない図形　82
読解力　27
伴って変わる二つの数量　102, 105

な　行

内角　81
長さ　93, 97
日常への応用　53
二等辺三角形　79
認知と活動　2, 5

は　行

倍数　53
はかり　100
バグ　136
ばねばかり　100
＊パパート, S.　136, 139, 140
バラ数　57
板書計画　170
被加数分解　62
ひし形　79
ビジュアルプログラミング言語　138, 140
評価　2, 3, 5, 13
表現する能力　158
フィジカル・コンピューティング　138, 140
深い学び　43
福祉的問題　3, 4
＊藤澤利喜太郎　146
負の数　57
プログラミング教育　128, 130-132, 138, 141

プログラミング的思考　42, 128, 131-135, 141
分割による不変性　99
分割分数　59
分配法則　65
平均変化率　113
平行移動　84
平行四辺形　79
辺　81
変化と関係　102
変数　67
包含除　63
本時の展開　170
本時の目標　170

ま　行

学びに向かう力, 人間性等　36, 39, 46
未知数　67
面　81
目標　2, 4, 7
問題解決　38, 40, 41, 43, 44

や・ら・わ　行

約数　56
有理数としての分数　59
ゆとりの時間　155
＊横地清　152
離散量　57
立方体　80
量感覚　59
量と測定　154
量分数　59
連続量　57
割合分数　59
割る　64

欧　文

PISA　27
PPDAC サイクル　125
TIMSS　23

195

監修者

原　清治　　（佛教大学副学長・教育学部教授）

春日井敏之　（立命館大学大学院教職研究科教授）

篠原正典　　（佛教大学教育学部教授）

森田真樹　　（立命館大学大学院教職研究科教授）

執筆者紹介 （所属，執筆分担，執筆順，＊は編者）

＊岡本尚子　（編著者紹介参照：はじめに，第 1，2，3，12章）

＊二澤善紀　（編著者紹介参照：はじめに，第 1，4章）

＊月岡卓也　（編著者紹介参照：はじめに，第 1，12章）

口分田政史　（福井大学教育学部准教授：第 5 章　第 1 節 第 1 項）

渡邉伸樹　（関西学院大学教育学部教授：第 5 章　第 1 節 第 2 項・第 2 節）

黒田恭史　（京都教育大学教育学部教授：第 6，7，11章）

岡部恭幸　（神戸大学大学院人間発達環境学研究科教授：第 8 章）

竹歳賢一　（大阪大谷大学教育学部准教授：第 9 章）

佐伯昭彦　（金沢工業大学基礎教育部教授：第10章）

編著者紹介

岡本　尚子（おかもと・なおこ）
1983年　生まれ。
現　在　立命館大学産業社会学部准教授。
主　著　『神経科学による学習メカニズムの解明——算数・数学教育へのアプローチ』
　　　　ミネルヴァ書房，2011年。
　　　　『数学教育実践入門』共立出版，2014年・共著。

二澤　善紀（にさわ・よしき）
1965年　生まれ。
現　在　佛教大学教育学部教授。
主　著　『算数・数学における関数概念の認識発達を培う理論と実践』ミネルヴァ書房，
　　　　2020年。

月岡　卓也（つきおか・たくや）
1970年　生まれ。
現　在　佛教大学教育学部教授。

新しい教職教育講座　教科教育編③
算数科教育

2018年10月30日　初版第1刷発行　　　　　　　　　　〈検印省略〉
2023年11月20日　初版第4刷発行

定価はカバーに
表示しています

監 修 者	原　清治／春日井敏之 篠原正典／森田真樹
編 著 者	岡本尚子 二澤善紀／月岡卓也
発 行 者	杉　田　啓　三
印 刷 者	坂　本　喜　杏

発行所　株式会社　ミネルヴァ書房
607-8494　京都市山科区日ノ岡堤谷町1
電話代表　(075)581-5191
振替口座　01020-0-8076

©岡本・二澤・月岡ほか, 2018　冨山房インターナショナル・坂井製本

ISBN 978-4-623-08199-8

Printed in Japan

新しい教職教育講座

原 清治・春日井敏之・篠原正典・森田真樹 監修

全23巻

（A 5 判・並製・各巻平均220頁・各巻2000円（税別））

教職教育編

① 教育原論　　　　　　　　　　　　　山内清郎・原 清治・春日井敏之 編著
② 教職論　　　　　　　　　　　　　　久保富三夫・砂田信夫 編著
③ 教育社会学　　　　　　　　　　　　　　原 清治・山内乾史 編著
④ 教育心理学　　　　　　　　　　　　　神藤貴昭・橋本憲尚 編著
⑤ 特別支援教育　　　　　　　　　　　　　原 幸一・堀家由妃代 編著
⑥ 教育課程・教育評価　　　　　　　　　　細尾萌子・田中耕治 編著
⑦ 道徳教育　　　　　　　　　　　　　　荒木寿友・藤井基貴 編著
⑧ 総合的な学習の時間　　　　　　　　　　森田真樹・篠原正典 編著
⑨ 特別活動　　　　　　　　　　　　　　　中村 豊・原 清治 編著
⑩ 教育の方法と技術　　　　　　　　　　篠原正典・荒木寿友 編著
⑪ 生徒指導・進路指導　　　　　　　　　春日井敏之・山岡雅博 編著
⑫ 教育相談　　　　　　　　　　　　　春日井敏之・渡邉照美 編著
⑬ 教育実習・学校体験活動　　　　　　　　小林 隆・森田真樹 編著

教科教育編

① 初等国語科教育　　　　　　　　　　井上雅彦・青砥弘幸 編著
② 初等社会科教育　　　　　　　　　　　　中西 仁・小林 隆 編著
③ 算数科教育　　　　　　　　　岡本尚子・二澤善紀・月岡卓也 編著
④ 初等理科教育　　　　　　　　　　　山下芳樹・平田豊誠 編著
⑤ 生活科教育　　　　　　　　　　　　　鎌倉 博・船越 勝 編著
⑥ 初等音楽科教育　　　　　　　　　　　　　　　高見仁志 編著
⑦ 図画工作科教育　　　　　　　　　　波多野達二・三宅茂夫 編著
⑧ 初等家庭科教育　　　　　　　　　　　三沢徳枝・勝田映子 編著
⑨ 初等体育科教育　　　　　　　　　　　石田智巳・山口孝治 編著
⑩ 初等外国語教育　　　　　　　　　　　　　　　湯川笑子 編著

――――――― ミネルヴァ書房 ―――――――
https://www.minervashobo.co.jp/